高职旅游专业实训系列教材

地陪导游业务模拟

Dipei Daoyou Yewu Moni

主编 ● 王琦

北京·旅游教育出版社

策　　划：丁海秀　李荣强
责任编辑：巨瑛梅

图书在版编目(CIP)数据

地陪导游业务模拟／王琦主编．－－北京：旅游教育出版社，2016.1
高职旅游专业实训系列教材
ISBN 978-7-5637-3308-8

Ⅰ．①地… Ⅱ．①王… Ⅲ．①导游—高等职业教育—教材 Ⅳ．①F590.63

中国版本图书馆 CIP 数据核字（2016）第 001407 号

高职旅游专业实训系列教材

地陪导游业务模拟

王琦　主编

出版单位	旅游教育出版社
地　　址	北京市朝阳区定福庄南里1号
邮　　编	100024
发行电话	(010)65778403 65728372 65767462(传真)
本社网址	www.tepcb.com
E-mail	tepfx@163.com
排版单位	北京旅教文化传播有限公司
印刷单位	河北省三河市灵山红旗印刷厂
经销单位	新华书店
开　　本	710 毫米×1000 毫米　1/16
印　　张	11.75
字　　数	157 千字
版　　次	2016 年 1 月第 1 版
印　　次	2016 年 1 月第 1 次印刷
定　　价	28.00 元

（图书如有装订差错请与发行部联系）

编委会名单

主　编：王　琦
副主编：李丽虹　程　伟　陈昱霖
参　编：刘雁琪　童　俊　唐青平　杨　虹

前　言

"地陪导游业务模拟"是高等职业院校导游专业学生的一门综合模拟实训课程。它既是学生在完成专业基础课程和专业技能课程之后的一门专业技能综合课程，也是学生在顶岗实习和就业实习之前的一门准备性专业技能课程，更是一门集专业知识、职业技能、岗位模拟实践于一体的综合能力训练项目。

《地陪导游业务模拟》是一本高等职业教育综合模拟实训教材，是从书本知识学习到带团实战前的模拟演练教材。本教材将地陪导游员应具备的职业道德与职业素养，以及具体的工作流程步骤进行分类划分，从整体到部分、从宏观到微观、从流程到岗位职责，全面地进行分析和总结。本书共分为认识地陪导游工作、接站准备、机场接站服务、火车站接站服务、入住酒店、商定旅游行程计划、参观游览、其他服务、送站服务、后续工作十个模拟实训单元。每个模拟实训单元又分别设计了多个任务，选取地陪导游工作的实际工作场景，按照基本业务流程和主要环节的工作要求进行强化训练，内容涉及地陪导游员独立带团、景点讲解及常见突发事件处理等诸多方面。

《地陪导游业务模拟》是我们多年的课堂教学和多年的校企合作的成果。它既可以作为导游专业学生校内实训课程的教学用书，也可作为从事导游实际工作的人士的指导性用书。本书在编写过程中，注意突出教学内容的基础性、技能训练的综合性和模拟的时代性三个特点。

在课堂教学的组织中，要坚持从案例分析出发，通过问题驱动、角色模拟、案例分析、学生互评、教师点评等步骤和方法，根据教学培养目标、学生专业特点和群体差异，有计划、有侧重地进行模拟实训。课前，教师可根据下次实训的内容，提示学生预习相关的专业知识；课中，教师应调动学生积极参与案例演练和分析评说；课程结束，教师可针对学生实训中的表现，肯定优点、指出不足、强化要点，使学生做到心中有数。

在相应的具体教学过程中，可采取多种组合方式进行。教师可根据案例的具体材料提出建议，学生采取独立承担、组成小组或全班共同分担的方式进行模拟实训教学。

在课程考核中,可以采用分组考核的方法,每人完成一至两个任务,将所有人的得分相加算出百分制的小组成绩,这个小组成绩即为每位学生的期末考核分数。小组内所有同学的分数是一样的,看起来有失公平,但也体现了团队合作的精神,即借由考核,渗透团队合作的思想。因为在地陪的实习带团工作中,他不是孤立地一个人在为游客服务,而是和司机、旅行社工作人员所组成的团队在做服务工作,一环出现问题必然影响整个接待工作,一荣俱荣,一损俱损。

本教材在注重案例典型性的同时,还注意整理了导游实际工作中经常用到的大量文字资料。这些材料安排在相关的模拟实训单元中,除了用于模拟实训案例的分析,还可对导游专业学生的顶岗实习、企业实习和导游工作的顺利完成起到辅助作用。

当然,如有条件,学校可以和旅行社开展深度合作,使学生的学习从室内模拟走到带团实习:可以组织学生到旅行社地接部门参观、和计调了解工作交接的注意事项、拿到真实的行程计划进行分析、由旅行社相关人员进行带团前注意事项培训、在课程最后部分让学生从学生团真正地成为地陪导游员开始带团实习。

虽全体人员勤勉努力,但由于我们的专业水平和实践经验有限,书中的不妥或错误之处,敬请各位专家、同行和广大读者批评指正。

编者

2015 年 4 月

目 录

实训一 认识地陪导游工作 ·· 1
 任务1 掌握导游服务的原则 ·· 1
 任务2 认识导游服务的性质 ·· 5
 任务3 明确地陪导游人员的工作职责 ································ 6
 任务4 牢记地陪导游人员的纪律和守则 ···························· 7

实训二 接团准备 ·· 13
 任务1 行程计划分析 ·· 13
 任务2 所带团队分析 ·· 16
 任务3 做好特殊人群的接待工作 ····································· 23

实训三 机场接站服务 ·· 32
 任务1 机场接团准备及步骤 ·· 32
 任务2 欢迎辞 ·· 36
 任务3 首次沿途导游设计 ··· 38
 任务4 介绍北京 ··· 41

实训四 火车站接站服务 ··· 49
 任务1 火车站接站准备及步骤 ·· 49
 任务2 首次沿途导游设计 ··· 51

任务3　导游接待线路的设计……………………………………… 53

实训五　入住饭店 ………………………………………………………… 62
　　任务1　饭店资源调查………………………………………………… 62
　　任务2　游客住宿饭店介绍——熟悉饭店基本设施…………………… 64
　　任务3　办理入住手续………………………………………………… 66
　　任务4　特殊情况的处理……………………………………………… 68

实训六　商定旅游行程计划 ……………………………………………… 75
　　任务1　认识商定旅游行程的必要性…………………………………… 75
　　任务2　地陪与领队核对日程安排的工作流程………………………… 76
　　任务3　处理组团社与地接社的计划差异……………………………… 79
　　任务4　领队要求增加旅游项目的处理………………………………… 80

实训七　参观游览 ………………………………………………………… 83
　　任务1　了解主要的旅游资源…………………………………………… 83
　　任务2　掌握主题旅游产品设计的方法………………………………… 85
　　任务3　掌握重点景点重点线路的讲解………………………………… 88
　　任务4　特殊情况的处理……………………………………………… 91

实训八　其他服务 ………………………………………………………… 107
　　任务1　餐饮服务……………………………………………………… 107
　　任务2　特色旅游产品调查…………………………………………… 110
　　任务3　娱乐服务……………………………………………………… 111

实训九　送站服务 ………………………………………………………… 117
　　任务1　机场送站前的准备…………………………………………… 117

  任务 2　机场送站 ……………………………………………… 119
  任务 3　特殊情况的处理 ………………………………………… 120

实训十　后续工作 ……………………………………………………… 133
  任务　填写地陪带团日志 ………………………………………… 133

参考文献 ………………………………………………………………… 140
附　录 …………………………………………………………………… 141
  附录 1　导游人员管理条例 ……………………………………… 141
  附录 2　导游人员管理实施办法 ………………………………… 144
  附录 3　导游服务质量（GB/T 15971—1995） ………………… 148
  附录 4　星级饭店客房客用品质量与配备要求
     （LB/T 003—1996） …………………………………… 158

实训一
认识地陪导游工作

❖ 本章导读

理解工作原则与性质,是做好导游工作的前提;而明确工作职责与纪律守则,则是做好导游工作的基础。

❖ 学习目标

1. 理解导游服务的性质、原则;
2. 掌握地陪导游人员的工作职责;
3. 掌握导游人员的纪律和守则。

任务1 掌握导游服务的原则

━━ 案例1:枝折了花还在笑 ━━

案情

2005年8月28日下午,陕西省延安市洛川县境内210国道发生一起特大交通事故。一辆旅游车与一辆超速改道的货车迎面相撞,导致6人死亡、22人受伤,其中重伤15人。事故面前,一位22岁的湖南姑娘文花枝表现出的超常勇气感动了全国亿万民众。

文花枝是湖南省湘潭新天地旅行社的一名导游,做导游工作刚刚3年。事故发生的那天,她带领的旅行团刚游完黄陵轩辕始祖庙,正乘车前往延安的路上。下午2点35分,一辆运煤的大货车突然出现在旅游车前,悲剧一瞬间发生了。在被撞得严重变形的旅行车上等待救援的过程中,严重受伤的文花枝,不断地用她平静的声音鼓励车上的游客坚持;而在救援人员赶到后,文花枝又请求救援人员先救自己的游客。最终,游客们纷纷成功获救,而她却因为延误了最佳抢救时间,不得不实施左腿高位截肢。

2005年,文花枝当选湖南省十大新闻人物,并被国家旅游局授予全国模范导游员称号。

问题

(1)你知道导游工作的原则吗?

(2)你是否感受到了导游人员职业道德的神圣?对此你有哪些认识?

提示

职业道德是导游人员在其职业活动中应该遵循的、与其职业活动相适应的道德规范,也是人们评判导游人员职业素质的标准。凡是符合规范的行为,都被人们认为是美的、善的、高尚的;凡是违背规范的行为,就会被人们认为是丑的、恶的、低俗的。

导游人员在其职业活动中,应该不断培养自己爱岗敬业、勤勉乐业的道德情操,树立职业荣誉感,真心诚意地为旅游者服务,在平凡的岗位上,体现不平凡的人生价值。

案例2:感动中国2010候选人物——谢廷骏

案情

谢廷骏,男,香港康泰旅行团的领队,"8·23"菲律宾劫持香港游客事件遇难者之一。

2010年8月23日上午9时左右,一辆装载25人(包括22名香港乘客)的旅游车,在菲律宾马尼拉市中心被菲律宾前警察门多萨劫持。危急时刻,带团领队谢廷骏沉着、冷静,他冒死悄悄致电回港,向旅行社报告,旅行社随即联络旅游业议会和保安局,要求菲律宾警方拯救人质。

后来谢廷骏被凶徒铐在车门当人质,在双方的交火中不幸中弹殉职。谢廷骏,年仅31岁,有11年的领队经验,主要负责中国及东南亚的旅游线路,其良好的工作态度在公司有口皆碑。谢廷骏的英勇行为广受称赞,被誉称为"香港的骄傲"。

问题

(1) 导游是一个什么样的职业?请你总结导游员应该是一个什么样的人。

(2) 导游人员应遵守的职业道德体现在哪些方面?请你列举一些与导游员职业道德相悖的行为。

提示

根据《导游人员管理条例》第二条,导游人员是指依照本条例的规定取得导游证,接受旅行社委派,为旅游者提供向导、讲解及相关旅游服务的人员。导游是一个为游客提供服务的职业。想要成为一名优秀的导游员,除了具备与人打交道的能力外,还应该是一个知识面广博的杂家,更应该是一个具备高尚的职业道德的人。

 小贴士

1996年11月20日国家旅游局发布《关于加强旅游行业精神文明建设的意见》,其中明确规定了旅游从业人员的职业道德规范,即:

爱国爱企　自尊自强
遵纪守法　敬业爱岗
公私分明　诚实善良
克勤克俭　宾客至上
热情大度　清洁端庄
一视同仁　不卑不亢
耐心细致　文明礼貌
团结服从　大局不忘
优质服务　好学向上

案例3:得道多助,失道寡助

案情

某年,一名外国领队多次带团来华,每次都不与当地导游配合。

这次他又带团来到B市,一下飞机就被与他合作过的导游认出,这名导游将此领队的情况告诉了前来接机的地陪小林。下了飞机,小林安排游客上车,一路上热情地向游客介绍当地的各种情况。进入市区后来到第一个景点,因当时没有停车场地,地陪便向领队建议团队先回饭店(饭店离此景点不远),放下手提行李,稍作休整后再乘车来景点参观。领队表示同意。于是,地陪带团先回到饭店办理入店手续。在分发钥匙之前,地陪问领队何时请客人下楼集合,领队却表示:今天不参观了,反正还有三天时间。当时正值雨季,难得遇到当天晴朗的好天气。此时,地陪将手中的文件夹往桌子上一摔,大声地说:"这太过分了!"这时所有的客人都惊呆了,不知道发生了什么事情。地陪小林逐一将"一百个"应该在今天下午参观第一景点的理由向游客一一陈述,很快得到了大多数游客的支持。不少人对小林说:"我们是来中国旅游,不是来考察饭店的,刚刚3点多,就让我们待在饭店里,他这是想干什么!"领队一看,冲着小林就大吼起来,声言要投诉他。而此时,地陪对该领队在游客心目中的地位已经了如指掌,故不再与他"过招"了。

旅游的三天里,地陪时时处处以游客利益为重,有事便在车上与大家友善协商,每次都能得到一致的赞同;而每次领队"找碴儿"挑刺,地陪也不与他计较。三天过去了,该团愉快地结束了在B市的参观游览活动。对于这次旅游接待工作,游客十分满意,临分手时,全体游客给地陪留下了一封热情洋溢的感谢信,感谢小林在接待工作中的优质服务。

问题

(1)假若你是小林,你又会怎样妥善处理此类问题呢?

(2)地陪如何与领队协作?

提示

导游人员坚持履行合同原则,不仅会受到来自游客方面的旅游需求的影响,也会受到旅游活动的组织者各方利益实现的影响。因此,导游人员,特别是地陪更要做到心中有数。即使坚持原则时受阻,也要积极协调各方关系,选择有效方法,自觉坚持按照原则做事。当然,案例中小林出了一个险招,假若没有高质量的专业服务,没有娴熟的语言能力和熟练把握游客心理的能力,这场较量能否胜出还真是难以预料呢。

在正常的情况下,地陪如何与领队协作呢?尊重领队权限,支持其工作;多同领队协商,主动争取其配合;多给领队荣誉,调动其积极性(遇到可显示权威的场合,多让领队露面);坚持有理、有利、有节,避免正面冲突。

面对不合作的领队:第一,地陪人员首先要争取主动,避免被动,坚持在合同允许的范围内提供服务。第二,导游人员应采取适当措施,如做好游客的工作,争取大多数游客的同情和谅解,必要时警告这种领队。第三,采用有理、有利、有节和适当的方式与之斗争。第四,在斗争中,导游人员应始终坚持以理服人,不卑不亢,不与其当众冲突,更不得当众羞辱领队,还要适时给领队台阶下;在后续工作中,仍要尊重领队,争取以后的合作。

任务2 认识导游服务的性质

案例:面对误解该怎么办

案情

某年的一个夏天,导游老高在桂林带一个法国团,领队是一名女士,是个"中国通"。游览完漓江,从阳朔回来的路上,领队向老高要话筒要给大家讲讲广西少数民族的情况,老高把话筒递给领队。她兴奋地给游客讲了苗族的风土人情。当讲到苗族古老的婚嫁习俗时,她特别强调:青年男女在"三月三"的对歌中一见钟情之后就分手了,要等到来年的"三月三"再见面。在第二年的"三月三"节上,女方必须抱着她的亲生孩子来,她的情人才会和她见面,把她和孩子一起接回家,正式成亲;如果女方没有抱孩子来,小伙子就不再与她交往,而是再去寻找新的对象。

老高环顾四周,游客们饶有兴致地听着女领队绘声绘色的介绍,她叙述的表情和腔调中明显地透着一种鄙视和嘲弄。讲到最后,客人们发出了一阵阵哄笑。老高心中涌起波澜……

老高思忖片刻,起身要过领队手中的话筒说:"我想对夫人讲的作一点'补充'(此处不好说'更正',自然是顾及到领队的面子)。你们知道过去苗族人为什么非要姑娘抱着孩子来相亲吗?这是因为当时苗族的生产力水平特别低。在这种情况下,他们要维持起码的生存,必须进行艰苦的劳作,而这些生产如果没有人类自身的繁衍,就无法进行。因此,在一定程度上,人们不能不把希望更多地寄托于人的生产上。试想一下,一对夫妇,如果女方没有生育能力,等他们老了,谁来继续生产,谁来赡养他们呢?因此,苗族古老的习惯是在严酷的生活、生产环境中形成的;新媳妇在娶进门之前,要用事实证明她们有生育能力,男方才会踏踏实实地把姑娘迎进门。其实,这就是我们常说的:经济基础决定思想观念,决定上层建筑。因此,不论哪个民族,假如他们处于当时的生产情况,他们都会想方设法让人家姑娘证明她的生育能力。"讲到这里,老高再一次环顾四周,回应他的是客人们爆发出的阵阵掌声。

问题

假如你是带团的老高,你将如何对待这个"意外"之事呢?

提示

作为一名导游人员,特别是外语导游人员,当你面对游客时,你不只是一名导游员,你的工作代表的是导游员队伍、旅行社企业、旅游业的整体素质,代表的是一个民族、一个国家的形象。导游服务的性质——服务性、文化性、社会性、经济性和涉外性共同体现在同一旅游活动中。

以上案例中,老高以专业的知识、机智的头脑,不仅及时纠正了领队的错误认识、向游客传递了客观而全面的知识,而且充分体现了导游服务的性质。

任务3　明确地陪导游人员的工作职责

━━ 案例:不该发生的诉讼 ━━

案情

一对母女外出旅游。因路况不好,在乘坐旅游大巴时,导游提醒游客将随身行李集中放在车身下的行李间中。但有一名游客以箱内存有现金及贵重物品为由,坚持将箱子放在车内的行李架上,导游并未加以劝阻。前往景区时,车在颠簸的道路上前行,游客们昏昏欲睡。就在疲劳的导游小寐之时,车厢里传来了女孩凄惨的哭声和母亲的责骂声。导游疾步走过去,原来是由于车子的颠簸,箱子从行李架上坠落,不巧砸在女孩的头上,造成女孩头部受伤。

返回所在城市后,女孩的母亲向法院提起诉讼,状告当地旅行社委托的外地旅行社导游(地陪)"不作为",没有坚持警示,容许游客将箱子放在行李架上,以致发生箱子从行李架上坠落、砸伤游客,故旅行社对女孩的受伤负有不可推卸的责任。

问题

作为一名导游人员,假如游客中有人执意将大件行李随身携带,你应如何处理?万一发生了不该发生的一幕,导游应该如何处理呢?

提示

导游工作的职责中重要的一条就是保障游客的安全。该团地陪在提醒游客稳妥放置行李时,其实已经预见到可能出现的危险了。但是,仅仅预见危险还是不够的。本案中,就是因为导游没有坚持制止本该禁止的行为导致事故的发生,影响旅游活动的正常进行,同时给旅行社造成经济损失。

任务4 牢记地陪导游人员的纪律和守则

案例:导游可以这样做吗

案情

2003年7月,北京某国内旅行社组织接待了从外地某市来北京旅游的一行34人的团队。在参观游览过程中,作为地陪的李某为了节省时间并增加计划以外的游览项目,私自减少了2个计划景点,并一再对客人说,大家到北京来一次不容易,既然来了就应多看一些景点。在征得大多数客人同意并对每位客人加收了50元钱的基础上,增加了4个景点(包括李某私自从计划中减去的2个景点)。在团队活动期间,李某还向客人兜售了纪念邮票册8套。由于夏天天气炎热,加上团队老人较多,故此,许多客人感到在计划景点的参观时间太少、太仓促,并对李某额外增加景点的行为表示不满。旅游结束后,该团客人集体签名向旅游行政管理部门投诉,并要求对导游员李某进行处罚。

问题

请依据有关的法律法规说明:

(1)导游员李某的行为违反了哪些规定?

(2)应给予该导游员及委派的旅行社怎样的处罚?

提示

依据《导游人员管理条例》第十三条规定,导游人员应当严格按照旅行社确定的接待计划,安排旅游者的旅行、游览活动,不得擅自增加、减少旅游项目

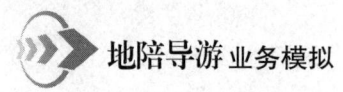

或者中止导游活动;第十五条规定,导游人员进行导游活动,不得向旅游者兜售物品或者购买旅游者的物品,不得以明示或者暗示的方式向旅游者索要小费。以上两项均属于导游人员应尽的义务,导游员李某违反了《导游人员管理条例》上述规定。

依据《导游人员管理条例》第二十二条规定,导游人员有擅自增加或者减少旅游项目的,由旅游行政部门责令改正,暂扣导游证3至6个月;情节严重的,由省、自治区、直辖市人民政府旅游行政部门吊销导游证并予以公告。依据《导游人员管理实施办法》第十五条规定,IC卡扣8分。

依据《导游人员管理条例》第二十三条规定,导游人员进行导游活动,向旅游者兜售物品的,由旅游行政部门责令改正,处1000元以上3万元以下的罚款;有违法所得的,并处没收违法所得;情节严重的,由省、自治区、直辖市人民政府旅游行政部门吊销导游证并予以公告;对委派该导游人员的旅行社给予警告直至责令停业整顿。依据《导游人员管理实施办法》第十五条规定,IC卡扣6分。

依据《旅行社条例》规定,非因不可抗力改变旅游合同安排的行程的,欺骗、胁迫旅游者购物或者参加需要另行付费的游览项目的,"对旅行社,由旅游行政管理部门或者工商行政管理部门责令改正,处10万元以上50万元以下的罚款;对导游人员、领队人员,由旅游行政管理部门责令改正,处1万元以上5万元以下的罚款;情节严重的,吊销旅行社业务经营许可证、导游证或者领队证。"

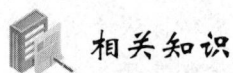

一、导游服务的原则

导游工作的原则既是导游人员应该遵循的基本原则,也是旅游活动有序开展的基本原则。概括导游服务的原则,主要有以下四个原则:

(一)"游客至上"原则

"游客至上"是旅游行业从业人员的座右铭。这不仅是招徕游客的宣传口号,更是旅游行业的服务宗旨和旅游工作的行动指南,也是导游人员考虑问题、处理问题的出发点和归宿。因此,导游人员在工作中,要尊重游客,真心实意为游客服务;在与游客相处时,处处以游客利益为重,平等待人、礼貌待客;在为游客服务时,努力将规范服务与个性化服务、细微化服务有机地结合起来,为旅游者提供高质量的旅游产品,满足不同旅游消费者的正当的、不同的需求。

(二)"履行合同"原则

中国国家旅游局颁布的《旅行社管理条例实施细则》中明确规定,旅行社组织旅游者旅游活动时,应当与旅游者签订合同。作为旅行社代表的导游人员带团中,一定要严格以合同为基础,不折不扣地按照合同规定的内容和标准,向旅游者提供导游服务。同时根据合同对其他旅游服务的供给进行协调和监督,正确处理旅游过程中发生的问题,维护旅游者的合法权益。

(三)"安全第一"原则

保护旅游者的生命财产安全是导游人员的头等大事,更是导游工作的重要原则。因此,导游人员必须坚固树立"安全第一"的服务原则,带团活动时始终提高警惕,加强安全意识的宣传和对不安全因素的防范工作;在帮助旅游者安全活动的同时,也时刻警惕自身的安全工作。

(四)"合理而可能"原则

满足旅游者的正当要求,使他们通过愉快的旅游活动获得身心的愉悦,是导游人员的岗位职责。但是,随着旅游市场的多样发展,导游人员在工作中经常会碰到合理和可能的旅游需求,也经常碰到合理但不可能,甚至不合理、不可能等旅游需求的多种情况。为此,导游人员要在坚持"游客至上、安全第一、履行合同"等原则的基础上,对合理但无法办到的需求实事求是地申明理由,必要时赔礼道歉;对不合理不可行的需求,导游人员要婉言拒绝并讲清道理。"合理而可能"的原则是导游服务时,导游人员处理问题、满足游客要求的依据和准则。

二、导游服务的性质

由于不同国家和地区、同一国家和地区的不同时期的社会制度、意识形态和民族文化发展的不同,对于导游服务性质的认识也各不相同。但导游服务作为一种社会发展的必然产物,在其服务的实施过程中,不论活动在哪个地区、服务于何种民族,都有共同的属性,而这些属性决定了导游服务区别于其他的服务。这些共同属性,主要如下:

(一)服务性

旅游业是第三产业中的一个行业,导游服务与第三产业中的其他服务工作一样,属于非生产劳动,是一种通过提供一定的劳务活动来满足游客游览、审美的愿望与体验,满足舒适旅行和购买欲望的需要。其中,导游服务不仅具有物质形态的服务,而且更多的是一种复杂的、高智能的、高技术的精神劳动,是高层次的服务。因而,它不同于一般的、简单的技能性服务。

(二)社会性

旅游活动是人类社会发展到一定阶段的产物,它是一种社会现象,不论过去还是将来,在促进社会物质文明和精神文明建设中,都起着重要作用。导游人员接待海内外众多游客,推动着世界上最大规模的社会活动的发展。又由于导游工作是大多数从业人员谋生的手段,所以,导游人员所从事的工作本身就具有社会性。

(三)文化性

导游服务是传播文化的重要渠道。导游人员向来自世界各地、各民族的游客宣传本民族的文化,通过引导和生动、精彩的讲解给游客带来知识、乐趣和审美的享受,它是文化传播和文明建设的重要途径。

(四)经济性

导游服务是导游人员通过向游客提供有形或无形的服务而获取报酬的一种行为。旅游经营者也是通过导游服务工作,使游客的正当要求得到满足,使旅游产品的消费价值最终得以实现,旅游经营者获得利润。国家通过导游人员的工作和旅游企业的运营,实现商品促销、科技交流、货币回笼、增加利税,实现积累资金、发展经济。因此,导游服务工作具有经济性。

(五)涉外性

导游人员,特别是外语导游人员,在宣传祖国、了解外国以及民间交往中起着重要的作用。外语导游人员要充分发挥自己的语言优势,接触人群广、经历经验丰富等有利条件,积极主动地做好宣传、交流工作,为国家的发展、经济的繁荣、文化的交流、民族的沟通和行业的完善,发挥更大的作用。

三、导游服务的作用

食、住、行、游、购、娱六大要素构成了旅游接待服务的主要内容,导游服务就是将这六大要素串联起来,以提供有形产品和无形劳动的服务方式,满足游客的正当要求,实现旅游产品的使用价值。导游服务的作用表现在以下四个方面。

(一)主导作用

导游服务中的语言服务沟通了不同文化,促进了不同民族之间的交流;导游服务中的讲解服务帮助游客增长知识、开阔了视野,也得到了美的享受;导游服务中的生活服务帮助游客身心愉快地完成游览活动,满足了游客求新、求异、求乐的需求。因此,导游服务在游客实现其主要旅游目的方面起到不可替代的主导作用。

(二) 标志作用

导游服务质量的高低直接影响着旅游服务的总体水平,也是游客评判旅游服务质量的主要依据。因为在整个旅游活动中,只有导游是全程陪伴游客的。导游服务质量高,可以弥补其他旅游服务的不足。但是,导游服务质量低,却是任何服务都无法弥补的。因此说,旅游活动的成败更多地取决于导游服务的质量。导游服务的质量不仅关系到整个旅游服务质量的高低,甚至关系到国家或地区旅游业的声誉。导游服务的标志性作用至关重要。

(三) 纽带作用

导游服务不仅贯穿旅游接待服务的始终,也是旅游服务各环节连接的纽带。这一纽带作用主要表现在承上启下、内外连接、左右协调三个方面:

1. 承上启下

导游人员是国家方针政策的宣传者和执行者,他代表旅行社实施旅游接待计划,为游客安排落实食、住、行、游、购、娱等各项服务,并处理旅游期间出现的各种问题。同时,游客的建议、意见、要求和投诉,一般都要通过导游人员向旅行社转达直至上达旅游管理部门。

2. 内外连接

导游人员既代表旅行社的利益履行合同、落实旅游计划,又肩负维护旅游者合法权益的责任;既要代表游客与各有关部门进行交涉,提出合理建议,并对违反合同的行为进行干预,又要为旅游者争取应该享受的正当权益。导游人员在工作中,同时为国家、旅行社和旅游者内外三者负责。

3. 左右协调

旅游接待部门的服务对象是共同的,它们的目标和根本利益是共同的,但是,它们在服务内容上各有不同,这种不同,决定了它们之间的关系既有相互依存、相互吸引的一面,又有相互排斥、相互制约的一面。导游人员作为旅行社的代表,对各旅游部门提供的服务在时间上和质量上起着重要的协调作用。一旦出现矛盾,导游人员在协助解决问题、确保旅游合同的落实方面,具有义不容辞的协调作用。

(四) 扩散作用

导游服务质量的高低,一般是通过口口相传的方式传播的。游客一旦对导游服务的质量出现不满,这种传播方式更易扩大它的负面影响。因此,导游服务质量的高低也直接影响到旅游产品的销售。游客往往是通过旅游活动的质量来判断旅游产品的使用价值的。如果导游服务质量高,游客满意程度高,游客就会认为旅游产品物有所值,而且在其满意归去后,以其亲身体验向亲朋好友义务宣传;反之,游客的抱怨和不满会直接影响其周围的潜在消费者。所以说,导游服务具有影响旅游产品销售的扩散作用。

▶ 本章小结

导游服务的原则、性质看似容易掌握,但在实际工作中完全按照它们去做却不是那么容易的事。因此,我们要不断加强自身道德素养,提高职业道德修养,按照地陪的工作职责以及纪律和守则规范自己的行为。

▶ 思考与练习

1. 分组制作模范、优秀导游员事迹简报。

要求:

(1)通过书籍、网络、报纸、杂志等途径,查找全国模范导游、优秀导游事迹,并结合导游服务的原则、性质、工作职责、纪律和守则及职业道德对其事迹进行点评。

(2)以电子版简报形式上交,可以是各类电子文档或图片格式。

(3)以组为单位,要求全员参与,有明确任务分工。

2. 小组形象展示。

目标:增强小组凝聚力,培养成员间团结协作的能力。

在实际工作中,地方陪同导游员要和司机、全陪或领队密切合作,共同完成旅游团的接待任务。

准备:海报、PPT、小组集体亮相展示。

材料:海报纸、水彩笔、彩色纸、剪刀、胶水、胶条等。

展示内容:通过各组的海报、制作的PPT及现场的表演和演示,展示出组名、标志、口号、成员(组成、性格特点等)、特色、目标等信息,表现出各组的魅力与风采。

时间:每组8分钟左右。

实训二
接团准备

▶本章导读

俗话说：磨刀不误砍柴工。做任何一件事情，前期的准备工作都是相当重要的，导游工作也是一样。地陪导游员在接团前只有做好充足的方方面面的准备工作，才可以让自己更加自信地投入到工作中去。

▶学习目标

1. 学会计划行程分析的基本方法；
2. 掌握接站准备工作的主要内容；
3. 学会运用旅游心理学原理，分析所带团队游客特点的方法；
4. 掌握接待各种人群组成的不同旅游团的注意事项。

任务1　行程计划分析

——案例1：这份接待计划出什么问题了——

案情

以下是某旅行社计调小王已编制好的某团在北京四日游的活动日程表。

表2-1　北京四日游

序号		E00157				团名		××-HN20121001		
全陪	小周	地陪	小张	司机	老马	人数	成人	20	小孩	0	其他

续表

宾馆	凯迪克饭店	餐标	28.00/人/餐	酒水	
		机票	CA1521 / 14:30	文娱	梨园京剧
飞机班次	LH720	到京时间	09:30	接团发车时间	08:00
飞机班次	CA1521	离京时间	14:30	送团发车时间	12:00
日期	周	早餐	上午	午餐	下午	晚餐	晚上
10/01/12	一	饭店内	抵京送饭店	饭店内	颐和园	雍和宫饭庄	
10/02/12	二	饭店内	广场、故宫	博历餐厅	锦绣大地农业观光园	锦绣大地餐厅	梨园京剧
10/03/12	三	饭店内	八达岭	意达	长陵神路	饭店内	
10/04/12	四	饭店内	琉璃厂孔庙、雍和宫	和平门全聚德烤鸭店	送机场		
备注：带北京至上海、上海至西安机票							

地方陪同导游员小张和计调小王交接完接团工作后，习惯性地拿出日程表仔细地看了看，立即大踏步地跑回了计调部的办公室。计调小王刚刚上任三天，这是他负责的第一个团。小王将小张交还给自己的日程表翻过来掉过去地看了一遍又一遍，还是摸不着头脑，最后只好愁眉不展地抬头望着气喘吁吁的小张。

问题

(1) 假如你是负责接该团的地陪，你和计调交接工作时要注意哪些方面？

(2) 这个日程表到底出现了什么问题呢？

(3) 地陪应对日程表中的行程安排做哪些分析？

提示

(1) 计调部是旅行社的核心部门，计调部的工作直接影响和决定着旅行社的运行状态。地陪在接受带团任务时，要与计调沟通带团的详细资料、注意事项、可能出现的问题以及解决预案，尽可能做到防患于未然。

实训二　接团准备

（2）地陪人员在接待旅游团队前查看计划时，一定要非常认真细致，不要因为工作忙、觉得程序枯燥或认为自己已经有足够的经验了而放松对自己的要求；否则，可能会给工作带来极大的困难或不良的后果。任何人都有可能犯错误，工作紧张、业务交接时的疏忽等，都可能会造成不同程度的差错。地陪人员不应奢望其他所有人员的工作都能做到准确和周到，只要你严格按照工作程序去做，就可能会堵塞漏洞，纠正错误，减少不必要的损失。

仔细分析该行程就会发现，最后一天的行程过于紧张，存在着误机的可能。行程中将到和平门全聚德烤鸭店品尝北京特色烤鸭安排在团队离开北京之前且在游览完琉璃厂、孔庙和雍和宫之后，乍看上去没什么不合理的地方，让团队在离开北京之前品尝风味餐北京烤鸭，可以让游客带着美好的回忆离开。但考虑到10月4号上午的行程，不仅要去游览琉璃厂，还要去孔庙、雍和宫，活动项目比较多。游览后还要再从离首都机场高速公路相对比较近的雍和宫穿过长安街赶到前门西大街和平门全聚德烤鸭店，花在路上的时间比较多，万一遇到堵车后果不堪设想。更何况对于外国游客来说，品尝北京特有风味烤鸭的所需时间一般都会比较长，要保证在13:00前赶到首都机场送机，时间太过紧张。

因此，地陪小张对行程进行简单分析后，立刻找到了计调小王要求更改日程安排。而小王将其与接待计划对照后，竟发现自己将该团离京飞机班次信息和其他旅游团混淆了。

（3）地陪对日程安排表要做的分析如下：
- 分析旅游路线，包括全程旅游路线和本站在北京的旅游路线。
- 分析交通工具，包括旅游团到达和离开所乘坐交通工具以及在北京游览期间所乘坐交通工具。关注限行等交通管制信息。
- 分析了解住宿宾馆情况，包括位置、特色、基本设施与服务、距离各大景点的大体时间、周围超市、商场、银行、医院等分布状况，等等。
- 分析了解用餐餐厅，包括餐厅位置与联系电话、餐饮特色等。
- 分析了解旅游景点情况，有无不熟悉景点、开放时间、有无重大活动等。许多导游对于本案例中锦绣大地农业观光园这一农业旅游景点并不是十分了解，在接团准备时除搜集资料外最好能提前实地了解一下。

案例2：别扭的晚饭时间

案情

8月的一天，骄阳似火，天气格外炎热。地陪小张带领一个来自美国的旅游团上午去游览以敌楼建筑艺术精粹汇聚而闻名的金山岭长城。通过小张的精彩讲解，客人们从长城上下来时虽然全都汗流浃背，但却异常兴奋，领队更是用他蹩脚的中文学会了说"不到长城非好汉"。旅游团按照计划于14:00吃了中午饭，17:20团队返回了宾馆，正赶上原计划安排的17:30的晚饭，小张为自己时间安排得如此合适而暗暗高兴。可就在此时，原本非常满意的游客们不乐意了，强烈要求先回房间洗一洗换身衣服再吃饭。小张很是为难，客人们的要求也不无道理，上午又热又累，试想一下谁愿意带着一身臭汗去吃饭，更何况14:00才刚刚吃完午饭，17:30谁会饿呢。可是吃饭的时间是计调安排的，如果往后延，宾馆也不满意，那么多团队一餐一餐都排好了，如果每个团都饭前才更改时间，岂不天下大乱了！

问题

如果你是此团的地陪小张，你将如何处理此事？

任务2　所带团队分析

案例：游客分析

案情

表2-2　某旅游团游客名单①

序号	姓名	性别	年龄	身份证号	备注
1	张××	男	60	2101001952××××××××	夫妻
2	张××	女	58	2101001954××××××××	夫妻
3	赵×	男	55	2101001957××××××××	夫妻
4	刘××	女	55	2101001957××××××××	夫妻

续表

序号	姓名	性别	年龄	身份证号	备注
5	陈×	男	49	2101001963××××××××	夫妻
6	孙××	女	50	2101001962××××××××	
7	朱××	男	63	2101001949××××××××	夫妻
8	吴××	女	65	2101001947××××××××	
9	周××	男	58	2101001954××××××××	夫妻
10	刘×	女	59	2101001953××××××××	
11	陈××	男	65	2101001947××××××××	
12	孙××	男	60	2101001952××××××××	
13	韩××	男	59	2101001953××××××××	要求单间
14	周××	女	52	2101001960××××××××	要求单间
15	郑××	女	52	2101001960××××××××	
16	牛××	女	58	2101001954××××××××	
17	宋×	女	60	2101001952××××××××	
18	王×	女	69	2101001943××××××××	
19	王×	女	62	2101001950××××××××	
20	张×	女	51	2101001961××××××××	

备注：此团为散客团，游客均来自沈阳。

表2-3 某旅游团游客名单②

序号	姓名	性别	年龄	身份证号
1	李×	男	45	3502001967××××××××
2	陈×	男	22	3502001990××××××××
3	王×	男	39	3502001973××××××××
4	王×	女	25	3502001987××××××××
5	乾××	女	26	3502001986××××××××

续表

序号	姓名	性别	年龄	身份证号
6	关×	女	32	3502001980××××××××
7	陈×	女	32	3502001980××××××××
8	张××	男	28	3502001984××××××××
9	赵××	女	33	3502001979××××××××
10	刘×	男	39	3502001973××××××××
11	高×	女	29	3502001983××××××××
12	宋×	女	33	3502001979××××××××
13	王××	女	29	3502001983××××××××
14	魏×	女	29	3502001983××××××××
15	陈×	女	36	3502001976××××××××
16	张××	男	32	3502001980××××××××
17	刘××	男	43	3502001969××××××××
18	李×	男	26	3502001986××××××××
19	赵×	女	40	3502001972××××××××
20	陈×	女	23	3502001989××××××××
21	张××	女	25	3502001987××××××××
22	田×	女	40	3502001972××××××××
23	周××	女	25	3502001987××××××××
24	王××	女	26	3502001986××××××××
25	张××	女	30	3502001982××××××××
26	吴×	女	22	3502001990××××××××

备注：此团游客均为来自厦门某高校的教师，45岁的李×为副校长。

实训二 接团准备

表2-4 某旅游团游客名单③

序号	姓名	性别	年龄	身份证号	备注	
1	钱×	男	34	6101001978××××××		
2	王××	女	33	6101001979××××××	一家三口住一间	
3	钱×	男	6	6101002005××××××		
4	陈××	男	31	6101001961××××××	夫妻	
5	张×	女	25	6101001987××××××		
6	孙××	男	46	6101001966××××××	夫妻	
7	雷××	女	39	6101001973××××××		
8	高×	女	28	6101001984××××××		
9	郭×	女	34	6101001978××××××		
10	姜×	男	36	6101001976××××××	要求住单间	
11	张×	男	33	6101001979××××××		
12	刘×	男	41	6101001971××××××		
13	齐××	男	29	6101001983××××××		
14	周×	男	35	6101001977××××××		
15	赵×	女	36	6101001976××××××		
16	冯××	女	23	6101001989××××××		
17	王×	男	28	6101001984××××××		
18	李×	男	40	6101001972××××××		
19	刘××	女	33	6101001979××××××		
20	杨×	女	30	6101001982××××××	母亲	亲属
21	陈××	女	5	6101002007××××××	女儿	
22	李×	女	10	6101002002××××××	侄女	
23	郝××	女	25	6101001987××××××		
24	朱×	女	30	6101001982××××××		

续表

序号	姓名	性别	年龄	身份证号	备注	
25	李×	女	29	6101001983×××××××		
26	李××	女	28	6101001984×××××××		
27	冯×	男	22	6101001990×××××××		
28	魏××	男	22	6101001990×××××××	要求住一起	同学
29	段××	男	23	6101001989×××××××		
30	孙××	女	22	6101001990×××××××	要求住一起	
31	陈×	女	21	6101001991×××××××		
32	黄×	男	33	6101001979×××××××		
33	白××	男	28	6101001984×××××××		
34	周×	男	31	6101001981×××××××		
35	李×	男	29	6101001983×××××××		
36	孙××	男	29	6101001983×××××××	夫妻	
37	范××	女	30	6101001982×××××××		亲属
38	周×	男	30	6101001982×××××××	夫妻	
39	卓×	女	26	6101001986×××××××		
40	马×	女	22	6101001990×××××××	单间	

备注：此团游客均来自西安。

问题

（1）分析这三个旅游团的团员在组成上有什么不同的特点？

（2）针对这三个团不同的特点，总结一下地陪在带团过程中，应分别注意哪些事项？如何分配房间？

提示

分析旅游团成员时，主要分析客人的年龄、职业、性别、国籍或地域、成员间相互关系等情况，从中找出与接待此团有关的信息。如年轻人居多与老年人居多的旅游团，在参观游览活动的安排上是截然不同的，两者体力相差很大。不同国家或地区的人，在生活习惯与脾气秉性上差距也很大。如同为欧洲国家,英国人相对更保守一些,而法国人更热情爽朗一些。而同为一个国家的中国南方和北方人的差异也很大,比如在饮食上南甜北咸、南米北面,在人的性格上南细北爽等。所以,地陪在接团前要尽可能多地搜集团队成员的信息,分析其特点,根据特点来做接待准备。

1. 旅游团团员特点分析

旅游团1为来自沈阳的散客老人团。此团由8位男性游客和12位女性游客共20人组成,其中有5对夫妻,男女比例相差不是很大。游客的年龄由49到69岁,岁数最大的是一位叫王×的女士69岁,岁数最小的是陈×先生49岁。

旅游团2为来自厦门的教师团。此团由8位男性游客和18位女性游客共26人组成,女士人数占绝大多数。游客的年龄由22岁到45岁,相差比较大。岁数最大的是一位叫李×的先生45岁,岁数最小的一共有两位,分别是陈×和吴××22岁。此团没有小孩。该团游客的核心人物是副校长李×。

旅游团3为来自西安的普通团。此团由19位男性游客和18位女性游客共37位成人游客和3位小孩游客组成。游客年龄由5岁到46岁,跨度非常大,各个年龄层的客人都有;地陪既要照顾小的,又要照顾老的。在北京旅游期间,钱×小朋友将迎来他的7岁生日。

2. 地陪在带团过程中的注意事项分析

(1)第一个旅游团是来自沈阳的散客老年团

一般而言,接待老年旅游者,尤其是高龄老人,地陪应多尊重、多关照、多提醒,尤其多注意安全。在参观游览时要放慢行进速度,讲解时声音要大、速度要慢、适当重复,还要多安排休息。平时,对于重要事情要多注意提醒,多注意天气的变化,提醒老人随时增减衣服。

了解老年人是否带有老年证,许多景点对有老年证的客人都有减免政策。

游客来自东北地区的沈阳,是典型的北方人,性格比较豪爽,但有时难免会比较急躁;出现问题时,地陪要以沉着、温和、热忱的态度相待。

散客团的游客除夫妻、亲属、同事关系外彼此都不熟悉,可以多开展一些集体参与的活动,增进大家的相互了解,营造和谐的氛围。

王×女士岁数最大,要多注意照顾,多注意观察其身体情况。

(2)第二个旅游团是来自厦门的教师团

教师文化素养较高、知识面比较广。接待这样的团队,平时的知识积累非

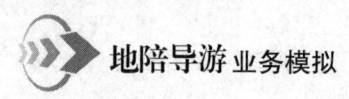

常重要,因为他们游览时,希望听到内容丰富、正确、生动的讲解。因此,在面对教师团时,地陪要做好充分的知识准备和心理准备,用全面而丰富的知识满足他们的需要,同时要充满自信地展现自己的风采。

了解客人是否随身带有教师证或是其他证明材料,有部分景点对教师有优惠。

该团游客均来自同一单位,彼此比较熟悉,也因此可能会有团内的小集团出现,地陪在带团过程中要注意平衡各小集团的关系。

副校长李×不仅是此团岁数最大的,而且也是最重要的客人,因为他的职务在团队中是最高的,他的领导能力是不容置疑的。因此,地陪在带团过程中要格外注意与之保持良好关系,遇事多商量、多沟通,尽量满足其提出的有关游览方面的要求。

此团的男女比例差距较大,地陪要多注意占主导地位的女游客的意见。

游客来自福建厦门,是典型的南方人,对于北京干燥的气候可能会有不同程度的不适应,注意提醒游客要多喝水。对于饭菜也可能会觉得偏咸,地陪要提前与用餐地点协商,尽量在饭菜中少加盐,也要提前提醒客人做好铺垫,让其提前做好心理准备。

(3) 第三个旅游团是来自西安的有儿童的团队

旅游团中的小客人也扮演着非常重要的角色,地陪在儿童的接待中要注意适度关注。不能过分重视,以免引起其他客人的不满;也不能忽视儿童客人的存在,给人造成不够有亲和力、不够亲切的印象。要注意儿童的安全,多提醒其父母在一些特殊地点照看好自己的孩子。多注意天气的变化,提醒随时增减衣服。多注意观察儿童,一旦有生病的迹象,立即提醒其父母早去医院就诊,千万不能将自己携带的药物给儿童服用。

了解团内儿童的身高,有些项目依据儿童身高的不同予以半票或免票;还要掌握儿童的年龄情况,许多景点可以购买学生票。

对于将要在带团期间过生日的小朋友钱伟,可在午饭或晚饭用餐时当着全团的面祝贺他,并且可以准备一份小礼物来表达心意。

对于同样来自古城的客人,地陪在讲解时要多做北京与西安的对比,激发游客的兴趣。讲解内容要通俗易懂,适合大多数人的口味。

任务3 做好特殊人群的接待工作

—— 案例1:"劳模团"的准备工作 ——

案情

老王从事导游工作有五六年了,一直认真负责,在游客中有非常好的口碑。今年,旅行社以其优质的服务赢得了为由五一劳动奖章获得者所组成的"劳模团"服务的光荣任务,老王当仁不让地当选为给"劳模团"提供导游服务的地方陪同导游之一。当通知他接受任务时,老王欣喜不已。这次的"劳模团"接待服务不仅是一次光荣的政治任务,更是对自己多年勤恳工作的一个肯定。尽管这次的"劳模团"行程自己不知已跑过多少遍,老王还是从分析"劳模团"这一特殊的游客人群入手开始进行细致的准备工作。

问题

假如你是老王,你该如何做好接待"劳模团"的准备?

提示

这是一个由一群非常优秀的来自全国各地各行各业的佼佼者组成的高素质特殊团队。人们对他们充满了崇拜与敬佩,导游员也应该抱有向劳模们学习的心态来提供服务。但并不是说接待这类人群时导游就低人一等,而是要以自己的专业素质来为这些劳模们提供最优质的服务。

对于资历尚浅的年轻导游来说,克服恐惧的心理、对自己有足够的自信心是非常重要的。自信心一方面源于心理准备,更重要的来源于自己的专业能力。因此,导游必须要细致地做好各项常规的物质准备、业务准备、知识准备。尤其是特殊团队的行程中可能会安排一些非常规的旅游活动,导游员必须要特别关注此类安排,提前做好知识上的功课。例如,劳模团可能会有到人民大会堂宴会厅参加"国宴"的活动,导游员必须就国宴做好相关知识上的准备。

案例2：如何照顾团中的老人

案情

地陪小周接的第一个旅游团里有位70多岁的老太太。小周认为，尊敬老人是中华民族的传统美德，每个人都有义务照顾好老人。因此，在北京游览参观的几天处处注意照顾她：宾馆住宿时安排了兼顾观景与通风的房间，旅游车上的座位在第二排靠窗的地方，上下车及台阶时经常搀扶，用餐时的位子去洗手间最方便，参观时也总是在离导游最近听得最清楚的地方……

老人原来与其他游客相处得很好，大家一路上也颇为照顾。可是，后来情况慢慢地发生了变化。有些客人觉得老人倚老卖老，处处占尽便宜，便开始慢慢疏远了。

一天晚上，安排看梨园京剧。到了剧场后，为谁应该坐在第一排中间的座位，大家互相谦让着。有人觉得应该让小孩坐，有人觉得应该让新婚夫妻坐，也有人觉得应该让团里的京剧票友坐。大家都一时拿不定主意。就在此时，小周怕这样谦让来谦让去太耽误时间，就说："我们尊老爱幼吧，请老人家坐中间！"

看完京剧回到饭店后，两位客人把小周叫到一边，很不客气地说："没想到你小周这么势利！照顾也该有个度吧？你是不是看上老人家有钱，就拍马屁，想让她多给你一些小费！"小周听到这儿，觉得十分委屈。

问题

小周哪里做得让人误解了？如果你是该团的地陪，你将如何做好接此类旅游团的准备工作？

提示

尊老敬老是中华民族的传统美德，是我们每一个人都应遵守的道德规范。导游员在带团过程中必须要关注老人这一需要特殊照顾的人群，但与此同时也不能忽视团队中其他游客的感受，"度"的拿捏非常重要。有时也可能会遇到老人不要你的照顾、希望把他当年轻人一样对待的情况，在可能的前提下要尊重并尽量配合他们的意愿。

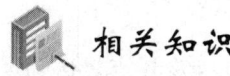 **相关知识**

一、地陪对行程安排要进行分析

对行程安排进行分析,可以说是一个明确和熟悉接待任务的过程。导游人员应对如下四个方面进行分析。

(一)旅游路线分析

1. 对全程旅游路线进行分析

分析的主要目的是了解上下站之间安排的参观游览及娱乐等活动,以便在自己站的安排上更加突出本地特色,还可以在讲解时进行对比讲解。

2. 对本站的旅游路线进行分析

通过分析本站每天的活动路线可以更加合理地分配每天的时间,计划安排好各项活动及路上所需时间,规避游览途中可能出现的问题,有助于顺利完成行程安排。

(二)交通工具分析

1. 分析旅游团到达所乘交通工具、时间、地点

分析可能发生的情况,做好接站准备工作。航班可能推迟到达也可能提前到达,要提前向机场查询航班到达时间,密切关注飞机航班动态,杜绝漏接与误机的事故发生。对于需要行李车的旅游团,要与行李员联系,告知航班抵达的时间、地点和将要下榻的宾馆。对于火车或长途车以及驾私家车参团的,也要做好晚点的相应准备。

2. 分析本站游览参观活动所乘交通工具

站内的游览参观活动一般使用的是旅游车,也可能有乘游船或人力三轮车等活动。确认在本地的旅游车和行李车以及与司机接头的时间、地点和联系方式。掌握旅游车的座位数、车上娱乐应急设施的基本情况。

3. 分析离开本站所乘交通工具类型、时间、地点

如果是火车,确认是哪个火车站(北京站、北京西站、北京南站、北京北站等)、驶离时间及车票预订情况;如果是飞机,同样需确认是乘坐哪个飞机场(首都国际机场、南苑机场、西郊机场等)的航班、航班起飞时间及机票确认情况,确定离开本站的国内或国际机票是 OK 票还是 OPEN 票,联程或返程的 OK 票需要确认。如有变化,要尽快核实。

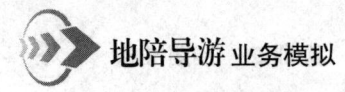

（三）住宿宾馆情况分析

熟悉旅游团将要下榻宾馆的位置与机场或火车站、游览参观景点景区、娱乐购物活动场所等位置的关系，以便对行车路线做到心中有数。

核实旅游团的住房数、级别、是否含早餐等。

（四）用餐餐厅分析

熟悉旅游团将要用餐的餐厅位置与住宿宾馆、游览参观景点景区、娱乐购物活动场所、机场或火车站等位置的关系，以便确定行车路线。

与各餐厅联系，确认各餐的情况：团号、人数、日期、标准、特殊要求等。

二、地陪接团前要做好准备工作

通过对行程安排的分析，我们已经知道我们需要做好哪些准备工作。对于各方面的准备工作，我们大致可以将其分为四大类：物质准备、知识准备、心理准备和业务准备。

（一）物质准备

1. 带团所需证件和物品

（1）表明职业身份的物品：导游证。

（2）有提示游客作用的物品：领取接站牌、导游旗、旅游车标志、扩音器、带有旅行社标志的旅游帽、旅行包、T恤衫等。

（3）业务相关用品：接待计划、票据和表格、现金、宣传资料、导游图、记事本、为客人准备的一些小奖品。

2. 应急用品

个人常用药品、塑料袋、手机电池、针线包、小刀、温度计。

3. 个人用品

食品和水、合适的工作包。

（二）业务准备

（1）与机场或火车站、长途汽车站落实接团时间、地点。

（2）与司机落实旅游车辆。

（3）与宾馆落实住房，了解住宿宾馆的概况、服务设施和服务项目。

（4）与用餐餐厅落实用餐。

（5）若需行李车，与行李员落实行李运送。

（6）了解不熟悉的参观游览点，做好游览线路、讲解内容、注意事项上的准备。

例如,本站游览参观活动所乘交通工具中,如有乘船游览昆玉河的活动,那么在知识准备时除要熟悉景点外,还要掌握乘船的注意事项等知识;在业务准备时,要确认乘船时间、地点、游客人数等事项。

(三)知识准备

(1)地陪接待的若是专业旅游团或宗教旅游团,就应事先做好相关知识、资料的准备。

(2)对当前的热门话题、重大新闻、旅游者可能感兴趣的话题,地陪也应做些准备。

(四)心理准备

(1)要有充足的自信心。

(2)要有面对困难的准备,准备承受旅游者的挑剔、指责、抱怨甚至投诉。

三、地陪对所带旅游团要进行分析

1. 分析所带团队

地方陪同导游员熟悉游客的情况,是做好接待工作的前提。

(1)了解所接待团队的类别。

(2)了解旅游团里游客的基本信息,包括游客来源地区、使用语言和所从事的职业情况、游客的人数、男女游客的比例和搭配情况、老人和小孩的情况、收费标准、宗教信仰、民族禁忌等。

俗话说,"知己知彼,百战不殆"。地陪必须要了解游客来自何方,并针对客源地区的情况多准备一些相关的资料,比如当地的地理历史、政治经济、风物特产、生活习惯、方言、宗教信仰等,了解得越准确越详细越好。

地陪还要了解旅游团中是否有重要客人。如果有,一定要提前做好对其进行重点关照的接待方案。

(3)了解游客有无特殊情况或特殊需要。

2. 带团注意事项

(1)针对客源区的情况多准备一些相关导游资料。

(2)针对不同类型(不同职业、不同年龄、不同性别)的客人,安排不同内容、不同层次和不同风格的讲解。

(3)善于抓住团中的"中心人物"。

四、特殊人群的接待

游客中不乏老年人、儿童、残障人士和宗教界人士,还有特殊身份和有很高社会地位的旅游者。对地陪而言,对他们的服务必须有别于一般的客人,要高度重视,充分准备,不怕麻烦、不辞辛苦,力争为他们提供最优质的导游服务。地陪不能以自己的已有经验以偏概全,重点不突出,这样就有可能产生很多麻烦,造成不良影响。

(一)残障旅游者的接待

旅游团中有时会有盲人、聋哑人等游客,而且可以预料的是将会有越来越多的残障人士加入到旅游队伍中来。接待残障旅游者会给地陪人员增添很多工作和困难,但导游人员应该充满热忱,努力克服困难,热情周到地为他们提供导游服务。

1. 尊重残障旅游者

(1) 尽力满足正当要求

对于残障旅游者的正当要求,导游人员要尽力满足,并真诚热情地为他们着想;对于实在满足不了的,要诚心地道歉,以期得到他们的谅解。

(2) 不谈论残疾话题

导游人员与残疾旅游者相处时,要多讲些高兴的事、有趣的事,忌讳涉及有关残疾的话题,更不要询问他们致残的原因。若残疾旅游者自己提起残疾的原因时,导游人员一般应认真倾听,但不要深入讨论。

(3) 不能讥笑、歧视残障人士

地陪人员必须注意并严格执行,在任何时候、在任何场合都不得讥笑、歧视他们,不得以任何借口伤害他们的自尊心。

2. 热情服务,注意方式方法

导游人员应热情周到地为残疾旅游者服务,根据不同情况为他们提供种种方便。

(1) 腿脚不方便的旅游者

引导腿脚不便的旅游者游览时,尽量不走或少走台阶,尽可能走平坦的道路,有无障碍通道的地方让他们走无障碍通道。尽量多安排休息,选择一些有靠椅、离卫生间比较近的地方作为休息地。还可以准备一台轮椅,以备不时之需。

(2) 聋哑旅游者

讲解时尽量靠近聋哑人,放慢讲解速度,并且要多用一些简单句,以便帮助他们从导游人员的口型来获取信息。懂手语的地陪人员应打手语帮助他们。

（3）视障旅游者

对盲人的讲解一定要生动形象,以便让他们可以充分调动想象力,从导游人员的讲解中获取信息;如有可能,让视障旅游者触摸某些可以触摸的东西。有盲道的地方引领他们走盲道。

（4）合理安排游览活动

残障旅游者不仅行动困难,在游览时也比常人更劳累,导游人员要合理安排游览活动和行走路线,注意安排休息时间,要照顾好他们上卫生间,到餐厅用餐时要尽可能为他们提供方便。

（5）注意服务的方式方法

导游人员必须注意,生理上有缺陷的人往往有很强的自尊心,如果导游人员的言语不当,过分的关心、照顾,过分殷勤的服务有时不仅达不到预期的效果,反而会刺伤他们的自尊心,使他们对导游人员的言行产生反感。若出现这种情况,会给导游人员的工作带来不少的麻烦。所以,导游人员在接待残障旅游者时要谨慎,一定要注意自己的言行,注意服务的方式方法。

（二）宗教界游客的接待

宗教界人士参加旅游活动,除旅游外,往往还要进行宗教交流活动。他们大多友善,但特殊要求较多。导游人员要努力做好如下工作,向宗教界旅游者提供高质量的导游服务。

1. 学习掌握我国的宗教政策

导游人员要学好、用好我国的宗教政策,掌握相关的基本情况,在与宗教界旅游者交往时,导游人员应注意以下几点:

（1）不参与涉及宗教问题的争论。

（2）不宣传"无神论"。

（3）不将宗教、政治、国家制度混为一谈,妄加评论。

2. 学习相关宗教的教义、教规知识

导游人员要做好准备,学习一点相关宗教的教义和教规知识,了解接待对象的教职,以免在接待中发生差错,造成误会。

3. 满足特殊要求

宗教界人士在生活方面一般都有一些特殊要求和禁忌,导游人员必须熟悉并不折不扣地予以满足:提前通知饭店、餐馆有关宗教旅游者的生活禁忌和

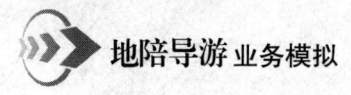

饮食要求,让其做好准备;伊斯兰教旅游者一定要去有穆斯林标志牌的餐馆用餐,不得有误。

4. 尊重宗教信仰和戒律

导游人员要尊重旅游者的宗教信仰,熟悉相关宗教的习惯和戒律,时时处处予以尊重。

(三)老年游客的接待

1. 尊重老年旅游者

导游人员要发扬中华民族尊敬老人的优良传统和美德,对老人要谦恭尊敬,要维护他们的人格尊严,尊重他们的意见和建议,满足他们的正当要求。

2. 关心老年旅游者

根据老年游客腿脚不灵活、行动不方便、听力有障碍、眼神不好等特点,导游人员要特别注意以下几点:

(1)参观游览过程中,行进的速度要放慢。同时,尽量选择平坦的道路,必要时适当等待,照顾走得慢或落后的高龄旅游者。

(2)慢讲解、大音量、多重复。

(3)照顾老人的需要,随时观察他们的变化,发现异常情况,立即询问,及时关照,并适当多安排上卫生间的次数。

(4)劳逸结合。参观游览活动要留有余地,要少而精,游览中适当安排休息,采取必要的措施保持老人的体力或尽快恢复老人的体力。

3. 多提醒、注意安全

(1)重复提醒有关事项。要多次重复出发时间、活动安排,提醒他们不要忘了;同时,提醒老年旅游者注意增减衣服,穿合适的鞋,随时提醒他保管好自己的证件和随身物品等。

(2)提醒注意安全。在行走时,特别是路面高低不平或上下台阶时,要提醒老人注意脚下。游览中,要提醒他们跟上旅游团以免走失;提醒他们万一走失,也不要着急,不要到处乱找,要留在原地,等待导游人员回来寻找。

(3)提醒老年游客要量力而行。

(四)儿童游客的接待

1. 重视儿童安全

(1)照顾好儿童。导游人员应随时提醒儿童的父母和监护人照管好自己的孩子,特别在人多、热闹、较乱的地方游览时,在上山下山、上下台阶时,在崎岖不平的道路上或在河、湖边行走时,要提醒儿童的父母照顾好自己的孩子,不要让孩子乱跑,以免走散、走失,避免孩子摔跤、掉到河、湖里等。导游员还要随时注意孩子的动向,协助父母管好孩子,防止意外事故的发生。有时讲一些有趣的故事或搞一些活动,调动和活跃气氛,吸引孩子的注意。

(2)警惕坏人拐骗儿童,不要让可疑的人接近孩子。

(3)有病及早诊治。孩子生病后,导游员要提醒其父母或家长及早去医院诊治,必要时陪同前往,但不要建议用什么药,更不得将随身携带的自用药给儿童服用。

2. 多照顾儿童,但要适度

(1)多关心儿童。多关心孩子的衣着冷暖,提醒父母让孩子多休息、别太累;用餐时,与餐厅服务人员联系为孩子提供专用的椅子、餐具等物品。

(2)多关照,但要适度。不能因为过多地关照儿童而冷落了其他旅游者,关心孩子但不能溺爱,不能迁就孩子的坏习惯,不能满足其无理要求。

(3)几项注意事项:

- 不要轻易摸孩子的头,更不能用手指敲打孩子的头。
- 不要给孩子买玩具、食品,更不要让他们吃导游随身携带的水果和糖等食品。
- 不要单独带儿童外出活动,即使父母同意也不要这样做。

3. 掌握儿童的收费标准

根据儿童的年龄、身高,在乘机(火车)、住房、餐饮、游览门票等方面有不同的收费标准,导游员要掌握并正确执行。

▶ 本章小结

导游服务是项事无巨细的工作,导游员必须认真对待工作中的每一个环节,落实好准备工作中的每一个细节。

▶ 思考与练习

请分别分析中学生夏令营团、大学教师团以及由企业领导组成的商务旅游团团队有何特点?在接待时分别有哪些特别需要注意的事项?

实训三
机场接站服务

▶ **本章导读**

当导游员来到了浩大的机场,会一脸茫然、不知所措吗?

如何在浩大的机场查认旅游团?带领旅游团登车后,如何开启第一次的导游讲解服务?

▶ **学习目标**

1. 熟悉接团准备的基本内容;
2. 熟悉机场接团的方法与步骤;
3. 掌握在旅游车上致欢迎辞、首次沿途导游的基本方法;
4. 学会撰写、演讲欢迎辞;
5. 了解北京的今昔变化,会介绍北京。

任务1　机场接团准备及步骤

——案例1:熟悉机场——

案情

导游员小李,是一名刚刚通过导游员资格考试拿到导游证的新导游。为了让他尽快地熟悉业务,旅行社决定让他跟随经验丰富的老导游老张随团实习。他们所要接待的是从杭州来京的一个豪华团,游客将于7月6日乘坐CA1510于13:00到达首都机场。小李在此之前从未去过首都机场,只从书本上学过如何到机场接团,对于到了机场后到哪个航站楼去接团、到航站楼的哪个楼层哪个位置去迎候客人、如何查看航班信息、带客人到哪里登上旅游车等事项一无所知。勤奋好学的小李决定在跟老张一起去机场接团前自己单独去一趟机场,提前熟悉一下首都机场有关接团以及送团等非常有用的各种信息。

问题

假如你是小李,到达当地机场后要熟悉机场的哪些设施以及信息?请罗列出机场接团和送团需要掌握的信息。

提示

1. 分组开展实地调研

此部分内容可采用实地调研的教学方法。比起纸上谈兵,到实地去调研能取得更好的学习效果。

以北京为例,学生按照集合时间准时到达首都机场 T3 航站楼,以组为单位开展实地调研;教师指导各组独立完成熟悉机场的各项任务,然后实地汇报以抽查各组完成任务的情况。在实地调研的过程中,教师要不断提醒学生注意安全。由于实地调研课时有限,可将机场接团与机场送团内容结合起来一起进行。

2. 实地调查任务细分

熟悉首都机场及附近的交通状况、了解机场航站楼、停车场等各种设施的位置及功能,牢记机场以及各航空公司、海关的各种规定。

(1)任务1:熟悉首都机场的设施

各航站楼:停车场、国内/国际出发位置、国内/国际到达位置、航班显示屏、卫生间、商店、餐饮处、哪些航空公司在此办理业务、行李打包处、票务柜台、出租车、机场大巴、地铁乘坐处等。

作业1:制作 PPT 介绍首都机场的各类设施的位置,可以自行画简图标明某一设施的位置。

(2)任务2:熟悉首都机场的各类规定、信息

首都机场简介、航站楼问讯电话是多少,问询处的位置。

乘坐国内航班:各航站楼航空公司停办乘机手续的时间,随身携带行李的限制规定,托运行李的相关规定,如何办理临时登机身份证件,哪些物品是禁止随身携带也禁止托运的,可否携带隐形眼镜药水,可以携带多少婴儿食用的奶/果汁/食品通过安全检查,什么药物可获得豁免。

乘坐国际航班:各航站楼航空公司停办乘机手续的时间,出境海关验放的

各项管理规定,入境海关验放的各项管理规定,简化旅客进出境申报手续,随身携带行李的限制规定,托运行李的相关规定,出国需要出示健康证明的规定,不可携带出国的物品规定,简化航空口岸出入境旅客健康申报手续,国际出发(到达)的旅客应办理出(入)境手续的规定,出(入)境登记卡,出入境旅客通过边防检查时应交验证件的管理规定等。

作业2:制作PPT介绍首都机场接团送团相关的各类规定信息,收集得越详细越多越好。

为了帮助学生更好地记忆此部分内容,可通过在课上开展小型知识竞赛的方式,促进学生对首都机场的各类规定及相关内容的掌握。

案例2:接团时航班延误的处理①

案情

导游员小张,接到旅行社派给他的一项工作:作为地陪接待从福建武夷山来的一个美国旅游团。这可是他第一次独立接待境外旅游团,虽说小张已经随团实习过,但这次任务一下来,还是兴奋不已。

小张接到计调小戴给他的日程表,高兴地与司机老王联系第二天18:00机场接团的事。老王告诉他没问题,保证17:30准时到达机场。小张迅速开始接团前的准备工作:旅游团的名称、编号、计划、联络人,旅游团的人数、团长、国籍,旅游团抵京的航班号、落地时间。第二天小张和老王按约定的时间出发了。车刚上三环,车速明显慢了下来,老王赶紧打开交通广播,得知前方发生了交通事故……一旁座位上的小张,懊恼极了,心想"要是跟老王再早点出发就好了"。总算熬到机场高速,一路狂奔,到机场已是18:25。小张下车后连忙冲向接机大厅,看到航班信息与自己刚才电话询问机场的结果一致——航班延误了,计划到达时间为22:00,小张终于长舒了口气。掏出电话刚想跟计调小戴联系,收到了来自领队的短信,"因台风影响,福建的航班不能按时起飞……"小张心中窃喜,他对司机说:"真是天助我也。"可往下该怎样做呢?

问题

(1)到达机场接团前,地陪应做好哪些业务上的准备?

(2)到达机场后,地陪怎样找到旅游团并带领游客登车?

(3)若出现飞机延误的情况,地陪应如何处理?

（4）请各小组分角色扮演地陪、全陪、司机及游客，模拟从接站准备到在机场认找旅游团直至带领旅游团登车的整个过程。

提示

1. 接团前地陪应做的业务准备

到达机场接团前，地陪应做好的业务准备包括：

（1）打电话到机场询问航班到达时间，根据航空公司名称确定计划接机航站楼。

（2）打电话联系旅游车司机，确定去机场时间及碰面地点。

（3）如需行李车，打电话通知行李员航班抵达的时间、地点及下榻宾馆。

（4）根据组团社团队名称、客人来源地或地接社名称制作接站牌。

（5）关注旅游目的地的有关情况，注意两地的天气预报等。

2. 到达机场后，找到旅游团并带领游客登车

（1）到达机场后，要与司机商量好停车位置，以便带领团队登车时很方便地找到旅游车。

（2）到航空公司所在的航站楼等待。通过公告牌注意查看航班的状态，飞机降落后航班号后面的橙色灯将闪烁，同时确认行李领取与卫生间的位置。

（3）飞机抵达后，站在出口显眼的位置，举起接站牌。此时要注意观察行李领取处的旅客，寻找是否有组团社的社旗、是否有团队的人数跟自己所接旅游团人数相仿，并向锁定的目标询问，确认旅游团。也有可能全陪会先出站寻找地陪人员，地陪要注意观察出站的所有人。

（4）接到团，与全陪确认后，核对人数，集中清点行李，与行李员办理交接手续，带领团队到停车场登上旅游车。地陪要站在车门靠近车头一侧，照顾每一位客人登车。

3. 遇到飞机延误的处理

遇到飞机延误，应及时通知旅行社，接受指示；及时通知预订入住的饭店，预留房间，保证客人抵达时顺利入住。

案例3：接团时航班延误的处理②

案情

某旅游团一行16人计划于7月18日9:35由厦门飞抵北京，但因天气原因，飞机起降困难，旅游团所乘航班延误至当日17:00才抵达北京首都国际机场。

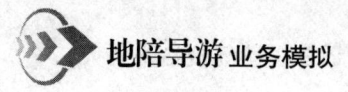

问题

如果你是该团地陪,你在迎接和接待该团的过程中应做好哪些工作,以保证该团愉快地完成在京的旅游活动?

任务2 欢迎辞

案例1:通用型欢迎辞

案情

各位游客,大家好!

我是你们这次北京之行的导游,我姓李,投之以桃报之以李的"李",各位就叫我小李吧!我代表我们旅行社,热诚欢迎诸位来到我们伟大祖国的首都——北京。我非常高兴能认识大家,并非常荣幸能成为各位此段旅程的导游。我将竭尽全力为大家服务,并尽我所能把北京的基本情况和即将游览的著名景观介绍给各位。希望我的讲解服务能带给大家一段美好、愉快的时光。下面我们来认识一下将给我们提供安全、平稳、舒适的乘车之感的司机马师傅。俗话说得好,老马识途。马师傅曾被多次评为优秀驾驶员,所以我们完全可以放心地将我们的旅程交给马师傅。希望此次旅程咱们能合作愉快,也希望大家针对我们的服务多提宝贵意见和建议。在此,我和马师傅预祝大家在北京度过一段舒心、愉快的美好时光,交上更多的朋友。祝愿各位身体健康、玩得尽兴!

问题

(1)这是一篇非常规范的欢迎辞,它包括哪几个部分?可适用于哪些人群?

(2)结合自身特点,编写一篇属于自己风格的欢迎辞。

提示

(1)为了尽快缩短导游与游客间的距离,营造和谐的氛围,开场白——欢迎辞,显得尤为重要。因此,地陪一定要重视欢迎辞的准备。

(2)欢迎辞的内容虽然比较固定,但形式可以是多种多样的。针对不同人群的特点与喜好,可以用不同风格的语言进行表述。

案例2:三份不同风格的欢迎辞

欢迎辞1

尊敬的各位领导,辛苦了!

首先我代表××旅行社欢迎各位领导来到我国的首都——北京。我是咱们这个团这次梦之旅的导游员,我叫吕薇,大家叫我"小吕"就行。为我们开车的师傅叫刘军,驾驶技术十分娴熟,已经有十几年驾龄了。我和刘师傅非常荣幸能为大家提供服务。在未来的五天里,各位领导如果有什么需要,请尽管提出来,我们将会竭尽所能为大家办好。我们衷心希望各位领导能在北京度过一段开心、愉快的时光。

欢迎辞2

地陪:大家好,来自河北的朋友们。我先了解一下,大家都是一个单位的吗?

客人:是。

地陪:太好了,那么大家互相都很熟悉了?

客人:是。

地陪:好,那请大家再来认识一个陌生人——我,叫郭靖,很遗憾的是我妈从小不让我学武,不然武功不会比《射雕英雄传》中的大侠郭靖差。我是××旅行社派来专门接待大家的导游郭靖,很高兴见到大家。再了解一下,在我们这个团里有没有领导同志?

客人:这位是我们的王处长。

地陪:王处长,您好。各位先生、女士,这几天,大家无论有什么事,大家一如既往,还是都得听老大的!不过,旅游活动,老大也得听我的!开玩笑,我只是为大家尽力服务而已。其实,这车上真正的老大还是我们这位司机师傅!他掌管着我们全团人的方向呀!我们这位老大姓张,我们私下都喜欢称他为张司令,已经开了十几年的旅游车了,张师傅和他所驾驶的车,多次获奖!愿我们的旅程轻松愉快,考察收获多多。

欢迎辞3

各位朋友,大家好,欢迎来到首都——北京,我是您的导游小张,来自××旅行社。在今后的几天里,我将和我们驾驶经验丰富的马师傅竭诚为您提供服务。刚才上车后,我发现几位朋友情绪低落,是不是看到天上下雨感觉旅游不方便呢?其实,在古代皇帝出游,沿途的百姓都要端着盆,往路上洒水,以消旅尘,但现在我们不用麻烦别人,老天为我们泼了水,空气变得更加清新。刚刚来到北京,大家就受到了皇家礼遇,我们是多么幸运呀。正是这场雨缓解了北京气候的干燥与炎热,就好像是为了大家的到来而特意准备的一样,接下来的几天天气情况非常适合大家的参观游览活动。在此,我也预祝大家能在北京度过一段美好的时光。

问题

分析以上三份欢迎辞有何特点?分别适用于哪类人群?

任务3 首次沿途导游设计

案例1:机场高速沿途讲解词

案情

各位游客,你们刚才抵达的是北京首都国际机场,简称首都机场,位于顺义区,但是归朝阳区管辖,距市区约20公里。北京首都国际机场是"中国第一国门",是中国最重要、规模最大、设备最先进、运输生产最繁忙的大型国际航空港,是中国的空中门户和对外交流的重要窗口。北京首都国际机场建成于1958年。随着中国经济的快速发展,得益于北京得天独厚的政治、经济、文化和地理位置优势,北京首都国际机场年旅客吞吐量从1978年的103万人次增长到2013年的8371万人次,目前排名全球第二位。大家刚才下飞机的航站楼曾经是奥运重点工程之一的T3航站楼,它是世界上最大的单体建筑。

现在我们的汽车正行驶在被誉为"国门第一路"的首都机场高速公路上。这条高速公路从首都国际机场一直到三元桥,建于1993年,全长18公里,最高限速120公里。从这里前往市区下榻的国际饭店大约需要40分钟的时间。

俗话说:"要致富,先修路。"目前,北京已经建有高速公路17条,分别是京哈、京沪、京港澳、京藏、京新、通燕(S46)、大广(G45)、京承(S11)、京开、京平(S32)、京津(S15)、机场高速、机场第二高速、机场南线高速、机场北线高速、五环路(S50)和六环路。除上述17条高速公路外,北京城内还有一条北京至通州的京通快速路。另外，还有多条规划中的高速路，如京台高速、京昆高速等。

前面巨大的红色彩门就是机场高速的收费站。它被喻为"国门"，采用的是中国传统的木结构建筑形式，好像一扇敞开的中国大门和一双张开的巨人手臂，热烈欢迎着各位的光临！它既代表着北京帝王之都的神韵，又显示了北京容纳百川的宽大胸怀！

高速路的两边是绿化林带，绵延近30公里。这种冲天的乔木名叫白杨树，长得又高又直，十分挺拔秀丽，它是中国北方著名的风景林和防风林树种。除此之外，枝叶繁茂、树形优美的还有槐树、柳树、松树、柏树，低矮的是迎春花等灌木。说到这儿，大家猜一下北京的市花和市树分别是什么呢？对了，北京市的市花是月季和菊花，市树是国槐和侧柏。

现在我们经过的是温榆桥，桥下这条河名叫温榆河，是唯一发源于北京市的一条河流。温榆河起源于昌平军都山，流经昌平、顺义、朝阳、通州，抵达通州的北运河，是北运河的上源。它现在是北京的主要排水河道。

现在我们来到了五元桥，它是北京最大的立交桥之一，为定向互通式立交桥，占地约53公顷，跨越京顺路和机场高速路，共有大小桥梁11座，包括主路及匝道10多条，辅路4条，十几条匝道像飘带一样围绕在主路周围。五元桥是五环全线最复杂的工程，技术难度很高。

现在请大家看左手前方远处的一大片建筑，它是酒仙桥中关村电子城科技园，位于首都市区东部酒仙桥，是经国家科技部和北京市人民政府正式批准建立的，以发展电子信息产业为主体的，多功能、综合性的高新技术科技园区，占地10.5平方公里，是首都国门第一国家级开发区。现区域内已有电子骨干企业200家，三资企业39家，国家级电子科研院所4家，大中型涉外旅游饭店5家，形成了以通信、计算机（软件）、显示器、彩色显像管、显示管、数字视听、新型元器件等为主的高新技术产业群。

而要说到电子城的前身，则要从20世纪50年代说起。从1952年起，酒仙桥在苏联和民主德国的援助下，于辖域中部陆续兴建了北京电子管厂（774厂）、北京电机总厂、华北无线电器材联合厂（即706、707、718、751、798等厂），使得酒仙桥电子工业区初具规模。2000年左右，这些工厂或者向外迁移，或者开始转型，中关村电子城科技园建立，而无线电器材联合厂则演变为798艺术区，成为北京新的文化地标景区。

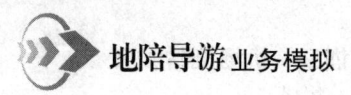

五元桥的西侧大片的高楼则是望京地区。

不知不觉我们已经来到了京城最大的立交桥之一——四元桥。它建于1993年，占地50公顷。全桥由26座群桥组成，共分4层，桥梁用了72根"金鸡独立"式的圆柱支撑，十分雄伟。而该桥的整个工程仅用了10个月就竣工了，连美国桥梁专家前来参观时都惊叹北京建桥这么神速，实在不简单！

前方的立交桥，叫三元桥。它比四元桥要古老很多，建于1984年，是一座连接南北环路的大型立交桥。下面，我们就要上三元桥，然后往南行驶沿着东三环路到国贸桥，再拐上长安街直到位于建国门内大街的国际饭店。

我们现在位于三环东路上，这是北京城的第三条环城快速，简称三环路，全长48公里，竣工通车于1981年。大家向右侧看去，这是以我国及世界上著名的高山——昆仑山而命名的昆仑饭店。昆仑饭店东侧的是燕莎友谊商城，它是一座现代化的综合性豪华大商场，国产及进口高档商品荟萃。现在我们跨越亮马河桥后，看到左侧路旁华丽的玻璃幕墙建筑了吗？这是美国前总统里根曾经下榻过的长城饭店。在长城饭店南侧，是20世纪50年代十大建筑之一——全国农业展览馆，它已成为我国著名的农业科技文化园地。再往前我们可以看到团结湖公园、朝阳公园、红领巾公园等一系列休闲活动的场所。

现在右前方是兆龙饭店，为五星级豪华饭店，1985年开业，2002年重新装修，楼高19层，由香港船王包玉刚先生投资建成，邓小平同志亲自题写店名。

请看行车右前方映入眼帘的摩天大楼，叫京广中心，它是目前北京最高的大型多功能楼宇建筑之一，由香港京广开发有限公司和北京华阳经济开发公司联合出资建设经营，由株式会社日本设计事务所担任设计、株式会社熊谷组与熊谷组（香港）有限公司负责结构设计和施工。

左前方则是赫赫有名的中央电视台新址，是由荷兰人雷姆·库哈斯（Rem Koolhaas）和德国人奥雷·舍人（Ole Scheeren）带领大都会建筑事务所（OMA）设计的。中央电视台总部大楼建筑外形前卫，被美国《时代》评选为2007年世界十大建筑奇迹，并列的有北京当代万国城和国家体育场。中央电视台总部大楼从最初的50亿工程预算，一路攀升至近200亿；支付给设计方大都会建筑事务所的设计费用高达3.5亿，平均每平方米达630元。中央电视台新址内含央视总部大楼、电视文化中心、服务楼、庆典广场。"2013年度高层建筑奖"评选中，中央电视台新址大楼获得最高奖——全球最佳高层建筑奖。

前方是北京著名的中国国贸商城建筑群，是目前中国规模最大的综合性高档商务服务企业之一,1990年8月全面开业,由对外贸易经济合作部所属鑫广物业管理中心和马来西亚郭氏兄弟集团所属香港嘉里兴业有限公司共同投资兴建。占地12公顷,总建筑面积56万平方米,集办公、住宿、会议、展览、购物和娱乐等多功能于一体,是众多跨国公司和商社进驻北京的首选之地。自开业以来,国贸中心已成功地举办了各种国内、国际性展览、博览会近400个,每年举行各种国际、国内会议、活动4700多场。

我们将从国贸桥这里拐弯,即将行驶上被誉为闻名中外的"神州第一街"的长安街。我们乘车跨过建国门立交桥后,就已进入了东长安街的延长线北京东城区的建国门内大街。长安街其名称含有"长治久安"之意,修筑于明代的1406年至1420年,它是兴建北京紫禁城、皇城和内外城时最基本的东西轴线。前方就是我们即将要下榻的国际饭店,它建于1983年到1987年,有29层,高104米,有客房1050间。国际饭店环境幽雅,设施优越,是我国自行设计建造并经营管理的五星级饭店,该建筑被评为20世纪80年代北京十大建筑之一。

问题

(1)分析从首都机场开始的首次沿途导游的讲解内容应包括哪些部分?

(2)每位学生编写从首都机场分别到友谊宾馆、新侨饭店、梅地亚中心的沿途讲解词,并模拟地陪在旅游车上作首次沿途导游讲解。

提示

首次导游是地陪在结束欢迎辞后,开始的第一个专业讲解。它不仅可以满足游客的好奇心、求知欲,又可以让导游充分展示自身知识、技能,从而使游客对导游人员产生信任感,并树立地陪的良好形象。首次沿途导游的内容一般包括沿途风光介绍、下榻饭店介绍以及风情介绍。

任务4 介绍北京

案例1:北京概况导游词

案情

游客朋友们:

北京,中华人民共和国的首都,是国内外众多人士所向往的古老而神秘的地方,也是全国政治、文化、科技、教育的中心,是我国七大古都之一,四大直辖市之首。这是一座举世闻名的历史文化名城,也是一座新兴的现代化国际大都市,古老与现代并存,生机勃勃,景象万千,魅力无穷。

北京总面积1.68平方公里,由16个区、2个县组成。截至2014年末,常住人口2150万,其中常住外来人口约800万之多,为世界大都市之一。

北京地处华北平原的西北,地势为西北高、东南低。北京城东临沧海,西拥太行,南襟河济,北枕居庸,素有"形胜甲天下"之誉。

北京四季分明。春季从4月初开始。6月入夏,夏季炎热多雨,7~8月气温可高达35℃。9月初踏入秋季,天高云淡,天气清爽宜人。此时,在北京郊区,枫林处处,红叶遍地,景致醉人。北京冬季很长,从10月底开始,长达5个月,降雪多在数九寒天。雪中赏景别有乐趣,可乘坐缆车登长城,看雪里长龙蜿蜒起伏,可在颐和园的昆明湖、紫禁城附近的北海滑雪。

作为华夏民族文化的摇篮之一,北京拥有悠久的历史文化与瑰丽的自然风光,这座历史文化名城犹如一颗璀璨的明珠,放射出夺目的光芒,吸引着来自海内外的无数游客。

两千年来,北京古城历经兴替,留有不少遗迹:气势恢宏的明清两代皇宫、闻名世界的巍峨的万里长城、极尽奢华的皇家园林等。除了金碧辉煌的皇宫建筑外,北京还有不少昔日官宦府第、四合院,以及古街、胡同等,可说是中国传统建筑的总汇。

改革开放以来,北京发生了巨大的变化。现代旅游业、电信业与高新技术产业迅猛发展,成就辉煌。CBD中央商务区、中关村高科技园区、亦庄经济技术开发区、奥运公园等大型建设工程,以及北京"两轴一带多中心"城市空间布局新理念的实施,有力地推动了北京的经济腾飞和城市建设事业的大发展。一座立体性、高层次、花园式、环保类与富有亲和感的现代化国际大都市,正展现于我们的面前。

新北京,新风貌。热情好客的首都人民,热烈欢迎各位的光临!

问题

(1)介绍北京基本情况时,大致包括哪些方面的内容?

(2)每位学生模拟地陪做介绍北京概况的讲解练习。

提示

介绍北京的基本情况时,主要是以北京地理历史文化为基础,着重介绍北京的地形地貌、气候、人口、历史沿革、行政区划、市容市貌、社会生活、文化传统、风物特产、奥运建设情况等内容,使游客对北京有个比较全面的了解。

案例2:轻松愉快的话题

案情

今年7月,英文导游小李接待了一个来自台湾地区的旅游团。在旅游团接待过程中,她按照习惯了的接待西方人的方式,讲解了中国的历史、对外政策、人民生活水平变化等方面的内容。虽然她讲解得很认真很投入,但游客的反应却不热烈,对她的讲解好像不感兴趣,甚至有的游客萌生了更换导游的想法。这让一直得到游客好评的小李很是难过,她沮丧地去征求领队的意见。领队告诉她,要多讲一些轻松愉快的话题,比如老百姓的吃、穿、住、行、收入、工作和生活情况,多讲一些笑话、野史、趣闻,不必讲太多的政治形势,因为游客来中国是散心、游玩的,而不是来上课的。听了领队的意见,小李特意调整了讲解的内容,果然得到了游客们的响应。在旅游车上时,小李经常带领大家做各种小游戏,以活跃气氛。在讲解中,注意使用幽默的语言,增加吸引客人的内容。如在故宫的讲解中,除原有的历史建筑等方面内容外,还特意增加了讲解皇帝普通一天的生活、服装、大婚、清朝选秀女、慈禧如何用膳等内容的分量,游客们被深深吸引住了,再也没有客人提及换导游这件事。

问题

(1)从上面这个事例中,我们能得出哪些启示?

(2)就北京的某一方面内容(小吃、节日习俗、商业圈、住房、交通、教育、旅游资源、工艺品、特产等),编写介绍导游词。

(3)在北京旅游的注意事项有哪些?请编写一份导游讲解词。

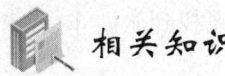

相关知识

一、机场接团

去机场迎接旅游团,是地陪人员与游客的第一次接触,要予以高度重视,

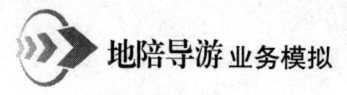

并做好充分准备。

(一)迎接准备

1. 形象准备

接站是导游人员第一次在游客面前亮相,良好的形象至关重要。导游人员以良好的形象接站,既体现了对游客的尊重,又表现出导游人员良好的职业素养,同时还反映出当地导游人员的整体形象问题。导游人员应该做到衣着整洁、得体,要符合本地区、本民族的着装习惯和导游人员的身份。切记不要与团内的游客进行无谓的攀比。导游人员应按旅游行业和本旅行社的规定,以一个健康向上、积极蓬勃的形象去迎接客人。

2. 确认时间

地陪接团前,要多次与机场确认航班准确的抵达时间。在出发接团前3个小时,还要最后与机场确认一下所接航班的抵达时间,并要保证提前半个小时抵达机场。

3. 其他事宜

(1)与旅游车司机联络商定接头时间与地点,问清车型与车号等细节,便于认找。

(2)如需行李车,还要与行李员联系,告知团队抵达时间和地点,以确保能及时、准确地运送游客的行李。

(3)根据组团社团队名称、客人来源地或地接社名称制作接站牌。

(4)关注当地的有关情况,注意两地的天气变化、交通上有无限行、景点开放时间有无调整等。

(二)接站工作

1. 赶赴接机大厅

稍提前赶赴与旅游车司机约定的接头地点,登车。途中地陪应告知司机该团的主要活动日程、注意事项以及需要司机配合的事情,可给司机一份团队的活动日程,以使司机心中有数,更好地予以配合。提前半小时抵达机场后,与司机商量好登车位置,保证带领团队登车时能方便、快速地找到旅游车。

2. 认找旅游团

地陪进入接机大厅,查找接机航站楼信息,找到后前往等待。通过公告牌注意查看航班的状态,飞机降落后航班信息将变为绿色并显示"到达",同时确认卫生间的位置。飞机抵达后,站在出口显眼的位置,举起接站牌,便于旅游团领队或全陪前来联系。同时，导游员也可从出站游客的装束与组团社的徽记等来分析、判断或上前委婉询问，主动认找自己的旅游团。如旅行社领导前去欢迎，要安排好领导在出站口的迎接位置。

找到旅游团后，要及时与该团的领队或全陪接洽，询问领队或全陪的姓名，核对团名、组团社名称后，报出地接社的名称并做自我介绍。一切都无任何出入时，才能确定是自己应接的旅游团。总之，要认真核实，以免出现错接或漏接的情况。

3. 核对人数

地陪接到团后，要立即与领队或全陪核对实到人数。如出现增加或减少，要及时通知接待社的有关部门。如果北京是该团入境站，且增加或减少的游客没有办理或注销签证，要及时到机场公安局签证处办理入境口岸签证或到边检站办理注销未到游客的手续。

4. 集中、清点并移交行李

在核实人数后，地陪要协助本团游客将行李集中放在比较宽敞、安全的地方，并提醒游客检查行李有无破损。与领队、全陪和行李员一起清点行李数量，核对无误后，地陪与行李员办理交接手续。

5. 集合登车

地陪要提醒游客检查自己的随身物品是否带齐，然后引领游客前往乘车处。游客上车时，地陪和旅游车司机要恭候在车门两旁，协助或搀扶老弱游客上车；但如果是西方老人，当主动帮助他们时，可能会遭到婉拒，此时，应尊重他们，不要勉强，不要主动搀扶也不要提供拐杖。

游客都上车后，地陪最后一个上车，开始清点人数。此时，要默数，切忌用手指数人。客人都坐稳后，要检查游客放在行李架上的行李和随身物品是否放稳，然后请司机开车前往饭店。

二、欢迎辞

欢迎辞的内容应视旅游团的性质及旅游团成员的文化水平、职业、年龄及居住地区等情况有所不同。致欢迎辞的方式也要根据不同的游客，灵活运用。总之，要给游客以亲切、热情、信任之感，使游客进入轻松、愉快、满足的状态。

欢迎辞的形式主要有规范式、聊天式、调侃式、抒情式等。一篇好的欢迎辞应该包括以下内容：

（1）首先问候客人并表示热烈欢迎之意。

（2）介绍自己的姓名和职务，介绍参加接待人员的姓名和职务。如在导游车上，应介绍司机的姓名和他所驾驶的车号等。

（3）表明自己的工作态度，即愿努力工作并解答大家的问题。

（4）祝愿游客旅行愉快，并希望得到客人的合作和谅解。

（5）如果在欢迎辞中再加上一两句中国人好客的谚语和名言，将会增加文化气息和活跃气氛。

三、首次导游

（一）首次导游须知

首次导游时，应站在车内的前部，在司机的附近。导游员应手持麦克风，表情自然而有笑容地面对客人。这样你就能看到客人的表情和反应，客人也能看到你，可达到情感直接交流的目的。站在司机附近，便于与司机联系，以处理临时发生的事情。

导游讲解时，要注意音量适中。讲到数字，要放慢速度，甚至有时要加以重复，使客人能听准确、听清楚。

首次导游，一定要注意衣着得体，举止落落大方。要带本单位的证章，佩戴胸牌。给客人专业导游人员的良好印象。

首次导游完毕，应表示感谢旅游者对导游工作的支持，并征求大家的意见，从而不断完善工作。要适时地了解客人的要求，若有人提问应耐心地给予解答。

（二）首次导游的内容

对于广大的旅行者来说，经过长途旅行虽然疲惫，但他们一踏上新的土地，仍无法按捺兴奋、好奇、急于了解旅游目的地的心情。所以，要抓住时机介绍他们最感兴趣、最想了解的事情，有重点地去讲，切忌长篇大论地泛讲不休。对于国外的旅游者，如有可能，应先向游客发放当地的旅游图。

首次导游的内容一般包括沿途风光介绍、下榻饭店介绍以及当地风情介绍。

1. 沿途风光介绍

沿途风光介绍是以沿途所见事物为介绍内容，见物讲物，见人说人，讲解的内容与所见景物同步。但也不是对所有沿途可以看见的风光一项不落地进行讲解,而是要有选择性,选择典型的能反映当地变化或风貌的沿途景物。语言要简明扼要,清晰精练,随机应变,点到为止。对于路过的行程中有安排的景点,还可以铺垫一下,抖个包袱,制造悬念,吸引游客。

2. 下榻饭店介绍

在游客即将到达饭店时,地陪要适时地介绍即将入住的饭店情况,包括饭店的名称、位置、距离机场的距离、星级、规模、特色、设施、历史沿革、主要的免费及收费服务项目等。

3. 当地风情介绍

一般首次沿途导游时,还要进行风情介绍,即介绍当地的政治、经济、文化、交通等方面的概况。以北京为例,主要是以北京地理历史文化为基础,介绍北京的地形地貌、气候、人口、历史沿革、行政区划、市容市貌、交通状况、社会生活、文化传统、风物特产等内容,使游客对北京有个初步的了解。

以接待境外旅游团队为例,一般而言,首次导游讲解应介绍以下方面的内容:

(1)介绍当地的时间、气候,并希望大家能迅速适应时差。如果一开始,导游就请游客们拿出手表,按照北京时间进行调拨,告诉大家今后按北京时间进行活动,并请大家根据当地的气候及时增减衣服,游客便会感到导游的工作很内行,非常关心他们,在拨表配合的同时,还会由衷地称赞。

(2)介绍有关当地的旅行常识,如乘坐出租汽车和公交车等交通工具的办法及价格、自行车出租处的位置及价格、当地的移动电话及固话资费、如何上网及资费等。因为游客到达较远的目的地后,首先要通过电话或网络向家里报平安和问候亲友,所以导游将相关事宜告诉他们后,游客一定会觉得导游考虑周到。

(3)讲一讲当地主要的风土人情、常用的汉语问候语,如果能教会说一两句简单用语,定会受到游客的欢迎。

(4)介绍购买当地的土特产要去什么商店最好、当地的风味菜肴的特点、主要商业中心及营业时间。在北京,一定别忘了介绍中国第一名菜——北京烤鸭。

(5)介绍兑换货币的地方,告知游客所携带的货币和人民币当天的比价,即当日的兑换率,并拿出人民币作一介绍,让游客认识人民币并了解我国的货币政策和使用情况。

(6)介绍当地的历史、地理、人口、政治、经济、文化以及当地在中国的地位、主要旅游资源、设施和接待能力。

(7)介绍当地居民的风俗习惯、礼节礼貌、生活起居和节日节庆活动；介绍一些特殊的习惯，告诫游客入乡随俗，不要做唐突的事情；也要介绍中国人讲究主随客便，有尊老爱幼的传统等。

(8)介绍有关旅游的相关规定，外国人应遵守的规定以及市内的交通安全规则等。

以上这八个方面，不是要求导游在首次导游中一定全部讲清、讲全。但是，一定要灵活掌握，将主要内容讲清楚。最好是结合沿途所见景物进行讲解，这样效果会更好。

总之，首次导游要把游客最关心的、最感兴趣的、在今后旅游活动中最实用的知识都讲到。这样，既为导游迎来了信任和好感，也为以后旅游活动的顺利进行，打下良好的基础。

▶ 本章小结

机场接团的步骤与方法比较简单，但若对机场本身比较陌生，在第一次接团前最好能实地考察一下，熟悉各类设施分布。给游客留下第一印象的是，导游员的首次沿途导游讲解，所以一定要特别重视，花心思编写能引人入胜的导游词。

▶ 思考与练习

每位学生针对教师团、老年团、学生团分别编写不同风格的欢迎词，并模拟旅游车上的情景，让每位学生分别扮演地陪角色向客人致欢迎词。

实训四
火车站接站服务

◆ 本章导读

火车是人们外出旅行的主要交通工具,多数火车站交通便捷、设施完备。因此,火车站也成为导游员最频繁接送旅游团的地点。

◆ 学习目标

1. 熟悉火车站接团的方法与步骤;
2. 掌握首次沿途导游讲解的内容;
3. 熟悉北京的交通道路网情况;
4. 学会接待道路的线路设计方法。

任务1　火车站接站准备及步骤

—— 案例:火车站接团 ——

案情

地陪王丽将于8月10日到郑州站接一个从成都乘坐K284次来郑州的旅游团。火车到达郑州的时间应为19:27。

8月9日,小王与司机吴师傅打电话联系。

地陪:是吴师傅吗?我是导游小王,是您明天和我一起接团吗?

司机:是的。明天怎么接头呢?

地陪:明天火车19:27到郑州站,您看我们明天18:30在郑州大饭店门口见面行吗?

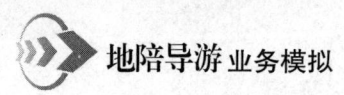

司机:可以,就这样。

地陪:还有,吴师傅能问一下您车上的空调与麦克风都还好吗?

司机:刚送走一个团,没有问题。

地陪:另外,关于团队的行程,等明早我们见面后再详细跟您说。跟您确认一下您的金龙车的车牌号码是多少呀?

司机:豫 B66××。

地陪:好的,没错。这次又让您辛苦了。多谢,明天见。

8月10日,王丽19:00 就来到了事先与组团社约定好的南出站口。可一看告示牌,火车晚点了,何时到站还不能确定。她连忙给司机、宾馆餐厅分别去了电话,告知司机火车晚点,要耐心等待,告知餐厅用晚餐可能要推迟。

经过大约3个小时的等待,火车终于进站了。小王连忙站在出站口明显的地方,举起接站牌,看到一个由导游举旗带领的团队走出来,人数与自己所接团队差不多,便上前去询问。

地陪:对不起,请问,您是"成都梦之旅"的客人吗?

客人:是的。

地陪:全陪先生是哪位?

客人:后面那位穿红色上衣的就是。

地陪:谢谢。请您先在这里等一下,我去见全陪。

(走到全陪面前)对不起,您是"成都梦之旅"的导游陈先生吗?

全陪:是的。您是地陪吗?

地陪:是,我叫王丽,是郑州青旅的导游。欢迎您的到来!火车晚点了,真是辛苦了。

全陪:是呀,真够呛,没想到晚点了3个小时之多!

地陪:客人全都出站了吗?

全陪:全都出来了。

地陪:一共多少人?

全陪:32 个人。

地陪:怎么?增加了两位?

全陪:是的。

地陪:新增加的两位是先生还是女士?

全陪:一位先生一位女士。

地陪:要分开住吗?

全陪:不用,是夫妻,同一间房就可以。

地陪:都来齐了,那咱们一起登车吧。

(带领团队往停车场方向走去。)

问题

通过上述案例,结合前一部分机场接团所学内容,分析:

(1)火车站接团与机场接团有哪些不同?

(2)如果到达的客人的数量、客人的组成有变化,地陪应如何处理?

提示

(1)将郑州站某日到达列车时刻表发给学生,分角色扮演地陪、全陪、司机及游客,模拟接待不同旅游团,练习从接站准备到在火车站认找旅游团直至带领旅游团上车的方法与步骤。

(2)到火车站接团与到机场接团的方法与步骤大体相同,都需要与旅游车司机、领队或全陪、行李员密切配合。学生应注意,由于工作地点、设施、旅客组成和交通方式等方面的不同,同样的接团工作,也会有较大区别。

(3)鉴于许多学生对火车站的设施状况比较陌生,可以采取实地调研某一典型火车站的方法,让学生熟悉火车站的功能、设施等信息。

(4)熟悉火车站。调查火车站的各项设施(如周边的停车场位置、售票大厅、候车室分布、各候车室的主要车次、接站口、接站站台等)分布,周边交通状况,有哪些地区的车次(国际、国内),行李的规定,火车票的购买规定,站台票的使用,列车等级,火车站概况介绍、建筑特色、历史沿革等。

(5)掌握旅客常识。

任务2　首次沿途导游设计

案例:北京站到民族饭店沿途讲解词

案情

各位游客:

经过一路的颠簸,大家终于顺利踏上了我们伟大祖国的首都——北京的土地。刚刚我们离开的是我国著名的火车客运站之一——北京站。它竣工于

1959年9月,是20世纪50年代十大建筑之一。车站大厦正门上方苍劲有力的"北京站"三个字,是当年毛泽东主席亲笔题写的。该站主要用于吞吐我国东北及华北、东南沿海等地区的旅游客车,充分发挥着铁路旅客运输方便、快捷、安全和运量大的优势作用。

在我们右前方的是建于明代正统十四年(1449年)的东便门箭楼,也是北京外城东南方的拐角箭楼。它的平面呈"L"形,在城楼的东西南三面共设箭窗144孔,以起防御作用。

很多客人很好奇,为什么前面的城墙只有一段而已。其实,这是明城墙遗址公园,是北京城唯一尚存的相对完整的城墙段落,建于明正统元年(1436年)。2002年初,市政府恢复了老城墙,并修建了明城墙遗址公园。该公园东起东便门角楼,西至崇文门路口,北连北京火车站,南接崇文门东大街。

提起崇文门,原来也有10米高的壮观的内城墙和雄伟的城门楼,在新中国成立后,为了发展二环路及北京城的现代交通,城墙、城门均被拆除而只留下地名。据史料记载,明清时代的崇文门外一带,是皇家及民间造酒作坊的聚集之地,为供应皇家之需,因此该门主要用于行走酒车。

大家向路口的西南看去,那边的崇文门饭店的一楼是由法国皮埃尔·卡丹公司于1983年开办的马克西姆餐厅,大家如果有兴趣可到此品尝地道的法国风味菜肴。

刚才在咱们右侧路过的是著名的北京同仁医院,它是1882年由美国教会创办的眼科权威治疗单位,1953年已收归国有。早上五六点钟在此排队挂眼科号的人,数量足有咱们团的十倍之多。

现在出现在咱们正前方的是北京著名的东单北大街。"东单"与"西单"的地名大家肯定都听说过。东单之称始于明清时期,因为这里是原长安街的东端,竖有一座牌楼而得名。在长安街的西端与之相呼应的是哪儿呢?对,就是西单。东单北大街以经营进口名牌服装而闻名,繁华程度仅次于"金街"——王府井,因此有"银街"之称。

在这儿拐弯儿以后,我们便踏上了闻名中外的"神州第一街"——长安街。长安街驰名中外,其名称含有"长治久安"之意,修建于明代的1406年至1420年,是兴建北京紫禁城、皇城和内外城时最基本的东西轴线。它以天安门广场的中轴线为界,分为东、西长安街两大段。明清时期,长安街只是从东单到西单的大街而言,长度仅为3.7公里。新中国成立后,随着北京城市建设的飞速发展,长安街也随之不断向东、西方向延伸,即东至通州运河广场,西达石景山首钢东门,总长46公里,有"百里长街"之誉。

刚刚咱们路过了东方广场以及著名的王府井大街,在以后的安排中还会再回来进行参观游览。经过北京饭店、贵宾楼饭店后,前方即将出现世界最大的城市中心广场——天安门广场,在其西边是椭圆形的巨大艺术殿堂——国家大剧院。

一路上先后经过新华门、北京图书大厦、西单文化广场、中国银行总行大厦、民族文化宫后,我们便来到了即将下榻的宾馆——燕京饭店。

问题

(1)从北京火车站到燕京饭店经过的主要道路有哪些?沿途有哪些重要的景观?

(2)学生分组分别模拟从北京火车站分别到北京饭店、香格里拉饭店,从北京西客站分别到建国饭店、五洲大饭店的首次沿途导游讲解。

提示

从北京火车站到燕京饭店主要经过的道路有:北京站东街、建国门南大街、崇文门东大街、崇文门内大街、东长安街、西长安街。

重要的沿途景观有:北京火车站、东便门箭楼、明城墙遗址公园、北京同仁医院、东单公园、东单体育中心、东方广场、北京饭店、贵宾楼饭店、菖蒲河公园、天安门广场、国家大剧院、新华门、北京图书大厦、首都时代广场、中国银行总行、民族文化宫、民族饭店、中国工商银行总行、中国人民银行、百盛购物中心、复兴门立交桥、复兴商业城、中华全国总工会、长安商场、首都博物馆等。

任务3　导游接待线路的设计

▬ 案例:北京西客站到达五洲大饭店的接待路线 ▬

案情

以下是地陪王丹为来自浙江的旅游团设计的从北京西客站到达五洲大饭店的接待路线。

线路一:北京西客站—西三环—北三环安贞桥—安定路—北四环中路五洲大饭店

线路二:北京西客站—西三环—北三环西路四通桥—中关村大街—北四环西路中关村一桥—北四环中路五洲大饭店

线路三:北京西客站—西三环六里桥—京石高速—西四环岳各庄桥——西四环中路—西四环北路—北四环西路—北四环中路五洲大饭店

问题

(1)分析以上三条道路行车线路中,哪一条最为节省时间、最为合理?为什么?

(2)请列举获得道路拥堵实时信息以及道路限行信息的途径。

提示

作为一名北京导游,要非常熟悉首都交通的整体情况和区域特点。北京交通系统庞大而繁杂,变化多样而复杂,这些决定了在北京的旅游活动,从一地去往另一地有多种不同的路线可以选择。地方陪同导游员在带领游客进行参观游览活动时,要注意选择好途中的线路;不要认为选择行车路线是司机的事情,与地陪导游无关。

导游设计与选择接待道路的线路,要对北京道路交通网非常熟悉,考虑距离的远近、平时道路堵车情况、沿途景观的重要性以及可观赏性,还要随时了解北京最新的路况信息。比如,掌握北京天安门广场升降旗时间,如有可能让旅游车恰巧停在长安街上,让游客看到国旗护卫队威武地从金水区上走下一直到旗杆处升/降旗,对于游客来说是绝对难忘的体验,尤其是没有单独安排观看升/降旗的团队。

在以上三条道路中,从道路距离的长短来考虑,线路一和线路二距离差不多,线路三距离稍远。但从堵车情况来看,线路一中,北三环经常堵车,车速一般较慢;线路二中,中关村大街有时堵车现象也比较严重;只有线路三虽然绕远,但均为高速路,且路况情况较好。所以,如果从时间角度来考虑,线路三在一般情况下应是最佳的选择,虽需绕远行驶,却比较节省时间。

 相关知识

一、火车站接团与机场接团的区别

(1)飞机由于受天气情况影响较大,故抵达时间时有变动,可能提前也可能晚点,注意要不断核实;而火车相对而言,晚点的情况不是很多,一般不会提前到达。

(2) 入境团队一般多乘坐飞机,因此要注意由于游客人数变更所带来的签证问题,而火车很少涉及补办或注销签证的问题。

(3) 机场接团多配备行李车,因此要注意与行李员的联系及交接行李;而火车站接团,多为国内客人,行李物品不会太多,一般放置在旅游车里即可。

4. 不同航空公司的航班都有指定的航站楼出站口,一般情况下都具有唯一性,方便接团。而有些火车站则设有两到三个出口,需要提前约定好出站口,如有可能最好是地陪到站台上迎候客人。如北京火车站的出站口只有一个,位于车站东侧;郑州火车站有北出口以及西南出口;北京西客站的出站口有北一出口、北二出口、南出站口三个之多。地陪到火车站接站,一定要提前与组团社或全陪联系商定好走哪个出站口。如果因为客观原因没有联系上,地陪可根据火车车次及座位信息,自行购买站台票到站台上迎候客人。

二、火车站接站中应注意的几个问题

在火车站接站除了与在机场接站需要同样注意的方面外,还需特别注意以下几个问题:

(1) 地陪要在出发接站前的两个小时,与车站问询处联系或查看车站网站实时到站信息,明确旅游团队所乘列车抵达的准确时间,力争做到计划时间、时刻表时间和问讯时间三核实。

(2) 游客到达北京的第一入境站,地陪应迅速核对人数;若发现变化,应即时通知地方接待旅行社。如果人数减少,地陪要检查团队签证,经组团社核实确认后,在边防检查站办理注销未到旅游者名单的手续。

(3) 在火车站清点旅游者的手提行李后,地陪要向领队或全陪索要行李托运单,并与行李员核对行李件数及所住饭店名称;核对无误后,将行李单交给行李员,委托他提取行李,送往入住饭店。

三、导游接待道路线路的设计原则

在景区景点以外,究竟走哪一条路线好,地陪做计划时要根据自己亲自走过的实际经验来做决定。尤其要多听听拥有丰富行车经验的司机师傅的意见,不要只凭交通游览图做判断,更不能纸上谈兵,以免因主观原因出现失误

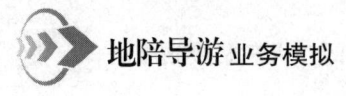

而耽误时间。

西方人说"条条大路通罗马",如果目标只是到达目的地,那么选择哪条道路都是可以的;然而,如果要讲求以最短时间到达,不同的设计方案,结果可是大不一样了。比如,从交通图上看,这条道路是最近的,可能会节约时间,但是如果忽略了上下班高峰可能会引起的堵车,贸然选择走这一条路,有时会适得其反。相反,另外一条看起来比较绕远的道路,由于交通顺畅,会更加快捷。

四、铁路客运常识

铁路客运常识对旅客和导游人员来说,是非常重要的。旅客乘车有些什么基本的权利和义务?怎样购票?车票的有效期怎样计算?丢失车票后怎么办?旅客免费携带品的重量和体积是多少?行李、包裹如何托运?什么是保价运输?这些有关铁路客运的知识,旅客有必要知晓。

(一)铁路旅客的基本权利和义务

1. 铁路旅客的基本权利

依据车票票面记载的内容乘车,要求承运人提供与车票等级相适应的服务并保障其施行安全,对运送期间发生的身体损害有权要求承运人赔偿,对运送期间因承运人过错造成的随身携带物品损失有权要求承运人赔偿。

2. 铁路旅客的义务

支付运输费用;遵守国家法令和铁路运输规章制度,听从铁路车站、列车工作人员的引导,按照车站的引导进站、出站;爱护铁路设备、设施,维护公共秩序和运输安全。

(二)列车等级和火车票

1. 列车等级

列车等级指同等距离但乘车条件不同,如特快列车、快速列车、普通旅客快车等。

2. 车票和其他乘车凭证

铁路车票是旅客乘车的凭证,同时也是旅客加入铁路旅客意外伤害强制保险的凭证。铁路车票票面主要载明以下内容:发站和到站站名,座别,卧别,径路,票价,车次,乘车日期,有效期。

(1)车票中包括客票和附加票两部分。客票部分为软座、硬座。附加票部分为加快票、卧铺票、空调票。附加票是客票的补充部分,除儿童外,不能单独使用。

（2）车票票价为旅客乘车日的适用票价。铁路调整票价时,已售出的车票不再补收或退还票价差额。

（3）在部分车站,旅客可以购买带有席位号的异地票、联程票和往返票。

通俗来讲,异地票是指在一个车站购买发站为不同城市的另一个车站的车票。

如果从乘车站至目的站没有直接到达的列车时,在有运输能力的情况下,旅客在购买从乘车站到换乘站的车票时,可以同时购买从换乘站至目的站的联程票。

往返票是指从乘车站同时购买往程（从乘车站去往目的站）和返程（从目的站返回乘车站）车票。

（4）如果旅客在乘车区间,需乘坐不同等级的列车怎么办？比如,旅客在乘车区间中,全程购买硬座客票。但实际上是一段乘坐硬座车,一段乘坐硬卧或软卧。具体支付应为全程硬卧客票,另加收硬卧与硬座或软卧与硬座的票价差额。

3. 关于儿童票

儿童原则上不能单独乘车。一名成年人旅客可以免费携带一名身高不足1.2米的儿童。如果身高不足1.2米的儿童超过一名时,一名儿童免费,其他儿童须购买儿童票。儿童身高为1.2～1.5米的,须购买儿童票；超过1.5米的,须购买全价座票。

儿童票为半价座票、加快票、空调票；座别应与成年人旅客的车票相同,到站不得远于成年人旅客车票的到站。

成年人旅客持卧铺车票时,儿童可以与其共用一个卧铺,并应按上述规定免费或购票。儿童单独使用一个卧铺时,应另行购买全价卧铺票。

在铁路售票窗口购买实名制车票时,儿童票不实行实名制。

4. 关于学生票

购买学生票应同时符合以下条件：

（1）在国家教育主管部门批准有学历教育资格的普通大、专院校（含民办大学、军事院校）,中等专业学校、技工学校和中、小学就读,没有工资收入的学生、研究生。

（2）家庭居住地（父亲或母亲之中任何一方居住地）和学校所在地不在同一城市。

(3)大中专学生凭附有加盖院校公章的减价优待凭证、火车票电子优惠卡和经学校注册的学生证,新生凭学校录取通知书,毕业生凭学校书面证明,小学生凭学校书面证明。

(4)在优惠乘车区间之内,且优惠乘车区间限于家庭至院校(实习地点)之间。

(5)每年乘车次数限于4次单程。当年未使用的次数,不能留至下年使用。

5. 关于身高与火车票的规定

在售票窗口、检票口、出站口、列车端门都涂有测量儿童身高的标准线,为测量儿童身高之用。但成人无论身高多少均应购买全价票。

6. 关于团体旅客

20人以上乘车日期、车次、到站、座别相同的旅客,可作为团体旅客。团体旅客铁路运输企业应优先安排,如填发代用票持票本人外,每人另发一张团体旅客证。

7. 关于车票有效期的规定

旅客购票后,应当按车票票面所载明的有效期乘车。对车票有效期应作如下理解:

(1)按票面载明的乘车日期、车次乘车。旅客需提前或改晚乘车时,应于票面载明的开车前到发站办理改签手续。

(2)直达票当日当次有效,中途上下车、未乘区间失效,但全程在铁路运输企业管内运行的动车组列车车票有效期由企业自定,有效期有不同规定的其他票种除外。

(3)通票的有效期按乘车里程计算:1000公里为2日;超过1000公里的,每增加1000公里增加1日,不足1000公里的尾数按1日计算;自指定乘车日起至有效期最后一日的24时止。

(4)遇有下列情况可以延长通票的有效期:

①因列车满员、晚点、停运等原因,使旅客在规定的有效期内不能到达到站时,车站可视实际需要延长通票的有效期。延长日数从通票有效期终了的次日起计算。

②旅客因病,在通票有效期内,出具医疗单位证明或经车站证实时,可按医疗日数延长有效期,但最多不超过10天;卧铺票不办理延长,可办理退票手

续；同行人同样办理。

8. 关于办理车票变更手续的规定

改签是指旅客变更乘车日期、车次、席（铺）位时需办理的签证手续。

旅客不能按票面指定的日期、车次乘车时，应当在票面指定的日期、车次开车前到车站售票窗口办理提前或推迟乘车签证手续，特殊情况经站长同意可在开车后2小时内办理。持动车组列车车票的旅客，改乘当日其他动车组列车时不受开车后2小时内限制。团体旅客不应晚于开车前48小时。

在车站售票预售期内且有运输能力的前提下，车站应予办理，收回原车票，换发新车票，并在新车票票面注明"始发改签"字样（特殊情况在开车后改签的注明"开车后改签不予退票"字样）；原车票已托运行李的，在新车票背面注明"原票已托运行李"字样并加盖站名戳。

一张车票只能办理一次改签。车票改签后，旅客取消旅行的，可以按规定退票，但因特殊情况在开车后改签的车票不予退票。

必要时，铁路运输企业可以临时调整改签办法，请咨询当地车站或关注车站公告。

9. 关于旅客丢失车票后的补办规定

旅客购票后，应当注意妥善保管车票，防止因污损致票面信息不可识别或丢失车票而不能乘车。购买实名制车票的旅客，还应注意保护车票票面载明的有效身份证件信息。

旅客丢失车票，应当另行购票。在列车上自丢失站起（不能判明时从列车始发站起）补收票价，核收手续费。旅客补票后又找到原票时，在乘车站可按规定办理退票手续；在列车上，应主动向列车长声明，列车长编制客运记录交给旅客，作为旅客在到站出站前向到站要求退还后补票价的依据。退票核收退票费。旅客在到站出站后提出的，不予退票。

（三）关于办理临时身份证明的规定

旅客购票时或购票后、乘车前因有效身份证件未携带、丢失等原因无法出示有效证件时，可以至车站铁路公安制证口办理临时身份证明。

办理时，须符合下列条件之一，并携带1寸照片1张：

- 出具所在地公安机关的户籍证明信。
- 学生旅客出具所在学校的证明信。
- 中国人民解放军、武警部队现役军人持所在部队出具的证明信。

- 外籍旅客持当地使领馆出具的证明信。
- 凭其他有效证件购买车票的旅客持发证部门出具的证明信。
- 通过其他方式能够证明本人身份的。

证明信内容必须包括旅客姓名、性别、出生年月、籍贯、有效身份证件号码等信息,并加盖单位公章。购票后丢失有效身份证件的,证明信内容应与车票票面记载的旅客身份信息一致。

车站铁路公安部门办理的临时身份证明一式两联,载明持有人姓名、性别、年龄、身份证件号码,一联为公安留存,一联供旅客购票、退票、中转签证、验证检票以及乘车使用,由旅客自行妥善保管,车站不予收回。

同城车站均实行实名制时,临时身份证明可以通用。

(四)关于旅客列车携带品的有关规定

1. 旅客免费携带品的重量和体积

主要规定如下:

儿童(含免费儿童)10公斤,外交人员35公斤,其他旅客20公斤。每件物品外部尺寸长、宽、高之和不超过160厘米。杆状物品不超过200厘米,重量不超过20公斤。

残疾人旅行时带的折叠式轮椅可免费携带并不计入上述范围。

2. 限制携带的物品

下列物品不得带入车内:

(1)国家禁止或限制运输的物品。

(2)法律、法规、规章中规定的危险品(如雷管、炸药、鞭炮、汽油、煤油、电石、液化气体等易爆、易燃、自燃物品和杀伤性剧毒物品)、弹药和承运人不能判明性质的化工产品。

(3)动物以及损坏或污染车辆、妨碍公共卫生(如:鸡、鸭、鹅、狗、猪,包括有恶臭等异味)的物品。

(4)规格或重量超过旅客免费携带品规定的物品。

3. 限量携带的物品

为方便旅客的旅行生活,在保证安全和卫生的条件下限量携带下列物品:

(1)气体打火机5个,安全火柴20小盒。

(2)不超过20毫升的指甲油、去光剂、染发剂,不超过100毫升的酒精、冷烫精,不超过600毫升的摩丝、发胶、卫生杀虫剂、空气清新剂。

（3）军人、武警、公安人员、民兵、猎人凭法规规定的持枪证明佩带的枪支子弹。
（4）初生雏20只。

4. 旅客违章携带物品的处理规定

（1）在发站禁止进站上车。

（2）在车内或下车站,对超过免费重量的物品,其超重部分应补收四类包裹运费。对不可拆分的整件超重、超大物品、动物按该件全部重量补收上车站至下车站四类包裹运费。

（3）发现危险品或国家禁止、限制运输的物品,妨碍公共卫生的物品,损坏或污染车辆的物品,按该件全部重量加倍补收乘车站至下车站四类包裹运费。危险物品交前方停车站处理,必要时移交公安部门处理。对有必要就地销毁的危险品应就地销毁,使之不能为害并不承担任何赔偿责任。没收危险品时,应向被没收人出具书面证明。

（4）如果旅客超重、超大的物品价值低于运费时,可按物品价值的50%核收运费。

（5）补收运费时,不得超过本次列车的始发和终点站。

▶ 本章小结

　　火车站是大家比较熟悉的交通设施,但有的火车站出站口较多,地陪一定要提前和全陪或领队商定好会合地点,也可以选择进入站台迎候游客。"黄金周"期间乘客较多,一定要认真核实信息避免错接,并要提醒客人看管好随身财务。火车站一般离市区较近,比起飞机交通更方便灵活。

▶ 思考与练习

　　请搜集北京火车站到北京西客站沿途重要景观的资料,并搜集与之关系非常密切的长安街、东二环、西三环等道路沿途重要景观的资料。

实训五 入住饭店

▶本章导读

乘坐了夜班航空、长途汽车、远途火车的游客一下所乘的交通工具,最想做的事肯定不是马上开始游览,而是到饭店好好休息一下。地陪导游员要提供哪些入住服务呢?

▶学习目标

1. 了解北京的饭店资源的分布;
2. 熟悉饭店的基本设施和等级标准;
3. 掌握入住饭店手续的办理等规范流程;
4. 熟悉游客住宿方面经常出现的问题,掌握解决特殊问题的处理方法。

任务1 饭店资源调查

━ 案例:没了的订房 ━

案情

地陪小马接到了一个从福建来的豪华团,原定住在昆仑饭店,到达后却没有他们的房间。原来,负责饭店预订的内勤小王是小马的好朋友,两人也曾经合作过多次,从来没有出现过差错。这次小王由于生病,将饭店预订的事情口头托付给了同事杨某,结果杨某忘了预订。可巧,小马由于这几天业务繁忙,不停地送团接团,将这件事抛在了脑后,反倒以为小王会像以前那样将一切事

实训五　入住饭店

情都处理好,而没有提前和饭店确认旅游团的住宿情况。客人到达饭店后都非常气愤,要求小马尽快解决住宿问题,而且饭店档次不能有所降低,必须是五星级且交通方便。

问题

(1)如果你是地陪小马,此时应该如何处理此事？你将会和哪些饭店联系住宿事宜呢？

(2)请调查北京四环路以内的五星级、四星级、三星级饭店的名称、位置以及特色,并按照方位进行整理。学生可分组出题,互相检查掌握的情况。

提示

确认下榻饭店的工作,不应等到达饭店后才做。联系前面所学实训内容,对落实住房的问题加以分析。

北京是全国涉外星级饭店数量最多的城市之一,也是高星级饭店云集的大城市。作为北京的导游,在工作中要熟悉和了解这些饭店资源。

导游人员在接站准备阶段,就应熟悉旅游团应下榻饭店的位置、概况、服务设施和服务项目。核实旅游团的住房数、级别,以及饭店的结账方式等。如果由于导游人员自己的失误而出现问题,要立即向客人真诚道歉。然后,必须马上与旅行社相关人员取得联系,重新预订饭店,以最快的速度将问题解决,努力将矛盾化解,将损失降低到最小。

在这个案例中,位于东三环朝阳区新源南路2号的昆仑饭店,正好处在北京高星级饭店集中的一个地区。离该饭店比较近的五星级饭店还有:凯宾斯基饭店、长城饭店、希尔顿饭店等。地陪可联系计调共同打电话联系询问。如果都没有空房间,还可再询问离昆仑饭店比较近的,位于朝阳区、东城区的其他五星级饭店。

因为饭店预订出现了不应该出现的问题,不仅游客的情绪比较激动,地陪人员的心理也一定比较紧张。但此时切记冷静处理后面的工作。如,在联系到饭店后,地陪要立即与旅游车司机、行李员联系,将客人及其行李运往下榻饭店。在后面的导游服务中,地陪力争以优质的服务重新获得游客的信任。

任务2　游客住宿饭店介绍——熟悉饭店基本设施

案例：介绍北京饭店

案情

地陪小刘带领客人从旅游车上下来，来到了北京饭店的大堂，开始对客人进行饭店主要基本设施的介绍：

北京饭店位于北京市中心，著名的长安街上，天安门城楼的东侧。北京饭店始建于1900年，2000年重新装修，是座历史悠久的大型豪华饭店，其舒适典雅的客房、美味独特的佳肴享誉海内外，历来受到中外各界的关注，世界各国的许多要人曾下榻于此。

北京饭店的设施非常齐全，餐饮设施、会议设施、休闲设施和服务设施应有尽有。其中，餐饮设施有谭家厅、中华礼仪厅、五人百姓日本餐厅、宴会厅、阳光咖啡厅。会议设施有C座大宴会厅，可以同时容纳1000人就餐；E座首层的负一层多功能厅可容纳50~250人举行会议及娱乐活动；A座二层多功能厅能够容纳120人；B座二层会议室是举办小型会议的场所，可容纳10~20人；A座首层会议室可容纳20~30人，正好可以容纳下咱们旅游团开个临时工作会。休闲设施有游泳池、健身、按摩、网球、壁球、保龄球、台球、乒乓球、美容美发等，非常方便，大家可以根据自己的需要选择消费。服务设施有商务中心、租车、票务、洗衣房、商场、停车场、代办旅游，等等。

北京饭店不仅设施先进，而且其优质的服务在全国的饭店业，乃至在世界的饭店业中都有重要的影响。

问题

（1）请分别以一家五星级饭店、一家四星级饭店和一家三星级饭店为例，对其基本设施加以介绍。

（2）请总结对饭店的基本设施的介绍应包括哪些内容。

提示

按照常理，将客人送入饭店后，饭店内的介绍和服务工作一般由饭店服务人员去做。但是，由于我国大部分饭店服务人员的服务意识和外语水平还达不到旅游大国的要求,所以许多事情还需导游人员配合完成。在饭店服务中,导游人员要做的是大量琐碎、看起来很不起眼的事情,可是,这些看似小的事若做不到、做不好,就会影响其他工作,甚至损坏我们旅游的整体形象。美国旅游界的口头禅——"小事是重要的事""小事做不好,麻烦不会少",正好证明了这一点。

注意现代饭店各部分工作区域功能的划分。比如,饭店大堂的酒吧区域为收费区,地陪在办理入住手续前要提醒游客坐在免费区休息等待。

 小贴士

参照国际上饭店评定标准,并结合我国实际情况,国家旅游局制定了《中华人民共和国旅游涉外饭店星级标准》:

一星级饭店:建筑结构良好,内外装修采用普通建筑材料,有一定面积的前厅,客房至少有 20 间可供出租,75% 的客房有卫生间,12 小时供应冷热水,有餐厅等设施,满足经济型旅游者的需要。

二星级饭店:建筑结构良好,内外装修采用较好的建筑材料,前厅具有一定饭店气氛,客房至少有 20 间可供出租,客房有配套的家具,95% 客房有卫生间,16 小时供应冷热水,有较大的餐厅、商场、邮电、理发室,基本上满足旅游者的生活要求。

三星级饭店:建筑结构良好,内外装修采用较高档建筑材料,布局基本合理,外观具有一定特色或地方民族风格,大厅内装修美观别致,标准客房装修美观,都设有卫生间,24 小时内供应冷热水、冷暖气、直拨电话、彩电,设备齐全。

四星级饭店:饭店外观独具风格,或具有鲜明的地方民族风格。装修豪华,大厅气氛高雅,服务设施完善,环境幽雅,提供优质服务,旅客进店后能得到较高级的物质和精神享受,主要满足经济地位较高的旅游者的高消费。

五星级饭店:饭店建筑设备十分豪华,大厅具有豪华气氛,环境优美,设施更加完善,卫生间有淋浴、蒸汽浴、自动按摩缸等豪华设备,还有现代化设备如电脑、冰箱等高档设施。

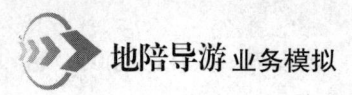

任务3　办理入住手续

——案例：入住手续——

案情

地陪小路带领旅游团进入亚洲饭店，介绍完饭店设施后，让客人们在大厅一角休息，自己去总服务台办理入住手续。下面是小路与饭店总服务台的接待员的一段对话：

地陪：您好！我是妇女旅行社的导游，现在我要办理一下福建来的豪华旅游团的入住手续。

接待：请稍候，我来查一下，共是12双、1单、1全陪床，对吗？

地陪：对的，您能把房号给我吗？

接待：这是房号。请您登记一下。

地陪：都在同一楼层吗？我提前打电话确认过，需要2间离马路比较远的给老人住，都安排了吗？

接待：对，都在6楼，其中601和602不仅离楼梯、电梯较近，而且也比较安静。

地陪：请问其中哪间是单间，哪间是VIP房，哪间是司陪房呢？

接待：610是VIP房，611是单间，612是司陪房。

地陪：按我们的要求VIP房已经摆放鲜花和水果了吗？

接待：都已经放好了，请放心。

地陪：好，谢谢。我先分一下房，再给你登记表，行吗？

接待：可以。

（接着，小路开始与领队一起商量如何分房。）

地陪：这是房号，一共14间，您来分配一下房间吧。

领队：好的。团长的房间是哪间？

地陪：我这里都已经做好了标记，您看VIP房是610，611是单间，612是司陪房，其余都是标准间。

领队：那两对腿脚不大利索的老夫妇怎么安排呀？

地陪：那就分别给他们601和602好了,离电梯近又很安静。

领队：好,房间已经分好了,这是团队的分房登记表。

地陪：登记表需要三份,服务台一份,行李员一份,另一份是您留的。那您住612房间？

领队：是的。

地陪：好,我去领房卡。

(地陪小路又来到总服务台。)

地陪：您好！这是分房登记表,一共两份,请您现在就给行李员一份,把行李尽快送进客人的房间。

接待：好的,这是房卡,一共是14个,您数一下。

地陪：14个,没错。早餐券呢？

接待：在房卡里面夹着。

地陪：谢谢。

(小路开始协助领队分房。)

地陪：各位团友,对不起,让大家久等了,现在我们开始分房。我们全团的客人都将住在6层,非常方便。大家进入房间先检查一下,发现什么问题就给前台打电话找我好了,前台的电话是8300,领队的房间是612。大家把随身携带的物品带好,乘电梯上楼,大件行李马上就会送到您的房间。大家在房间休息一下,1小时后,也就是18:00到一层大堂集中,我们去用晚餐。好,现在请跟我来。

说着,小路将客人领到电梯口,让领队和客人一起上楼,自己则留在大厅等待行李员的到来。

问题

(1)结合上述案例分析说明,在入住饭店时,地陪应如何办理入住手续？

(2)地陪应怎样处理与领队、全陪的工作关系？

(3)请分别扮演地陪、领队或全陪、饭店接待员、行李员及客人等角色,模拟入住饭店时的情景。

提示

(1)办理入住手续,过程并不复杂,地陪一定要仔细核实每个环节。

(2)客人进房后,地陪要在大堂多等一会儿,以便于出现特殊事件后可以及时解决。

任务4　特殊情况的处理

案例1：行李丢失的处理

案情

一天,广州的地陪小吴从机场接到一个来自北京的一行25人的旅游团。随着旅游车上的一片欢声笑语,不知不觉他们已经到达了宾馆。干练的小吴办理完入住手续,将客人安顿好后,坐在饭店大堂里看看是否还有什么需要协调的,如果没事就准备回家休息了。正在这时,他的手机响了,一看原来是领队,小吴暗自心想,多亏自己多坐了一会儿。原来,有一对夫妻游客的行李找不到了,行李员送去的根本不是他们的行李。行李中有他们的换洗衣服、心爱的摄像机等,如果找不到,就没有办法换衣服、摄像,夫妻两人非常着急。

问题

(1)此时,如果你是地陪小吴,应该怎样处理呢?

(2)让学生分角色扮演地陪、领队或全陪、饭店大堂经理、饭店行李员、旅行社行李员,带着任务去模拟地陪在行李发生丢失或破损时的处理方法。

提示

针对这种情况,地陪要学会换位思考,体会客人焦急的心理,安慰客人后尽最大努力去寻找行李。

第一,对客人进行安慰,告知自己会尽力寻找,让客人放心。

第二,马上和领队一起找到饭店大堂值班经理,了解哪个行李员负责分送此批行李,询问是否还有其他旅游团同时入住了该饭店。

第三,找到行李员并与其一同查找,看看是否将行李送错了房间——送到了其他客人或其他团队的房间。

第四,如果还没有找到,应立即与自己旅行社行李员联系,也可能是他将行李搞混而送进了其他饭店。

最后,行李确实已经送进饭店,而又实在找不到,地陪应一方面帮助客人购买一些生活必需品并提醒客人保留发票,另一方面要积极与饭店有关部门联系索赔事宜。

案例2：客人要求加床的处理

案情

2005年夏季的旅游旺季，一个大连旅游团抵达北京并开始在北京的参观游览。抵达北京的当天，导游员小张在北京火车站接到该团后，直接带团队入住饭店——北京科技会堂。旅游团队到达饭店后，导游员小张按照导游服务规范和导游工作程序，将客人先安置在饭店大堂休息，他则协助全陪到饭店前台办理入住手续。这时，一位游客找到全陪和地陪小张，提出要为其儿子加一张床，请求导游人员协助解决。导游员小张看到，这位客人带的孩子是个已经上小学五年级的男孩，身高大约有1.5米，和成年人的身高已经差不多。在来京之前，家长为孩子报旅游团时是按照儿童的费用交纳的团费，按规定孩子是不能占一张床的；到北京后，家长感觉有些不方便，而且孩子也提出不愿与家长合睡一张床。于是家长向导游提出要求，希望能够给予解决，并表示，增加的费用由游客自行支付。导游员小张就此事与饭店前台进行了沟通，询问是否有可能加床或为小男孩另开一个房间。经查询后，饭店前台答复，由于正处于旅游旺季，饭店床位已经全部预订满，不能加床和另开房间，但答应想办法，如果有空余的床位出来，会及时通知游客，及时给予调剂。导游员将此情况实事求是地转达给该游客，该游客表示接受，并希望尽快能给予解决，当天晚上就先和孩子挤着睡吧。

这时，饭店前台也将旅游团的房间钥匙交给了地陪导游员小张，小张又将钥匙交给全陪，由全陪将房间钥匙分发给等候在饭店大堂的游客。出于关心，小张还特意要求全陪将朝向玉渊潭公园的几个房间分给了几位老人，将临街比较吵的房间分给了几位年轻人。游客在拿到房间钥匙后，纷纷回房间休息。游客临回房间前，导游员小张再一次通知了次日的旅游行程安排，之后他才离开了饭店。

问题

(1) 游客提出要求加床或另行开房间时，导游员应如何处理？

(2) 游客提出住宿更高标准的饭店或房间时，导游员应如何处理？

提示

(1) 导游人员在拿到旅游计划行程时，应重点熟悉团队中的人员组成，应尽快了解和分析团队的分房情况,但分房一定要由领队或全陪来完成。要注意儿童的收费标准,还应熟悉饭店各方面情况。

(2)导游员小张在带领旅游团队进入饭店后,按照导游服务规范的主要内容进行了以下几项工作:

①协助全陪办理旅游团队的入住手续。在拿到旅游团房间钥匙后交给全陪,由全陪按照事先排定好的名单分发房卡。

②当游客提出要加床时,积极与饭店前台联系,尽量安排解决;在问题暂时得不到解决时,能够及时地与游客沟通,说明情况,并表示积极协助解决。成功与否并不重要,重要的是导游员处理问题的态度。

③向游客介绍饭店设施情况及通报第二天的行程计划安排,使游客做到心中有数。

(3)导游员小张在游客入住阶段的导游工作存在的不足之处:

①因旅游旺季,饭店房间比较紧张,旅行社没有在饭店为地陪安排房间。导游员小张离开饭店时,没有将自己的联系方式告诉全陪,也没有询问全陪住宿的房间号码。

②游客入住后,导游员不应急于离开,应协助游客处理和解决入住后可能遇到的相关问题,并协助游客检查房间内的设施情况等。

③没有照顾行李进房。

④案例中也没有提到导游员安排叫早时间。

⑤没有向游客介绍第二天早餐的地点和早餐的进餐方式。

案例3:客人要求调换房间

案情

第二天清晨,导游员小张早早地赶到饭店,与游客共进早餐。在吃早餐时,有一对老年游客提出要调换房间,因为面向玉渊潭一侧的饭店楼下是迪斯科舞厅,昨天晚上直到后半夜三四点才安静下来,期间舞厅里的音乐吵得他们无法入睡。

导游员小张得知此情况后,马上找到饭店前台,将老人的情况予以说明,希望饭店能够予以调换。前台服务人员在查看了饭店入住游客信息后,非常抱歉地对导游员讲,由于目前饭店满员住宿,暂时没有办法帮助调换,希望导游员做工作从旅游团内部予以解决。同时,前台服务人员告诉导游员,昨天提出加床的游客的要求目前也不能满足。

导游员小张之后找到全陪,和他进行了一番沟通,希望他能够在旅游团游客中做一下工作,为年长的一对老夫妇解决房间调换的问题。经全陪与旅游团中的几位年轻游客协商,很快就为老人调换了临湖的房间,使老人的问题得到满意的解决。同时,全部将饭店目前的情况向要求加床的游客再次作了介绍,请他们耐心等候,如有可能马上为其解决。

问题

因饭店方面的原因,游客提出调换饭店房间,导游员应如何处理?

提示

导游的工作实际也具有人际交往的性质。导游人员应具有较强的独立处理问题的能力和应变能力,工作中能够积极调动游客的积极性,和游客搞好关系,果断处理问题,并在团队中消化矛盾。

一方面,导游人员要善解人意,关心团队中的每一个团员,特别是老年游客,细微之处见真情;另一方面,导游人员要迅速地了解所带团队的特点,善于运用内部资源,尽快化解矛盾。

相关知识

一、介绍饭店情况时应注意的问题

游客每到一地,都非常关心自己所住的饭店,担心饭店的星级是否与合同中规定的一致,关注卫生条件怎样、服务是否到位等问题。因此,地陪在接到旅游团后,要不失时机地向游客介绍下榻饭店的基本情况。

1. 介绍饭店及其服务项目

主要包括以下几方面内容:

(1)饭店的基本情况、建筑年代、面积、房间、使用率以及接待能力和服务水平。

(2)电话总机号码,打长途电话或市内电话的方法,以及邮局、商务中心、外币兑换处等营业时间。

(3)房间钥匙保管和使用方法,洗衣及付费办法。

(4)饭店用餐时间、房间内电视、闭路电视以及网络的使用方法。

(5)饭店内就医位置、如何就医及付费办法。

2. 突出下榻饭店的特点

一定意义上说,旅游团在哪个饭店入住,哪个饭店就是当地同等档次中最有特色的饭店。因为无论哪个饭店都具有自己的特色。比如,"历史悠久,牌子响亮,服务规范,是身份的象征"的老饭店;"设备齐全,装修考究,虽不知名但住起来实惠、舒适"的新饭店;身处闹市的饭店,我们可以说它是"交通方便,商铺集中,夜生活丰富,自由活动好去处";身居僻静区的饭店,我们称之为"闹中取静,环境幽雅,空气清新,休闲度假的最好选择"。

我们要善于发现饭店的价值所在,如早餐品种丰富、有异国情调、有民族风格、依山傍水、风景独特等都可以算是饭店的优越条件。接内宾团时,甚至连电视频道较多都可以作为亮点介绍给游客。

二、到达饭店后应注意的问题

地陪带领旅游团乘坐旅游车抵达饭店后,提醒客人带齐自己的随身物品下车,并将他们安排在免费区域进行休息,再去总服务台办理入住手续。

1. 要按照旅行社的计划询问房间情况是否与计划一致

如果出现不一致,地陪要根据计划和预先协商好的条件与标准据理力争,争取使游客能按照预定的计划入住。

2. 协助办理住店手续

旅游团抵达饭店后,地陪要协助领队或全陪掌握分房名单,分好后将登记表交与总服务台;领取门卡,办理住店登记手续;请领队或全陪分发住房卡。地陪如果在饭店无住房,在离开饭店前,应将手机号、家中的电话号码告诉领队、全陪,以便有事时联系。

3. 要向客人介绍饭店的服务设施并讲清注意事项

饭店的基本设施一般包括以下四大类:

(1)餐饮设施。主要分为中餐厅、西餐厅、咖啡厅、酒吧、客房送餐服务等设施和服务。

(2)会议设施。以花卉、省份、城市、景区、诗词等主题来命名的会议厅,如莲花厅、百合厅、牡丹厅、玫瑰厅等,可容纳的人数有多少。

(3)休闲设施。包括迪斯科舞厅、卡拉OK厅、桌球室、电子游戏机室、室内游泳池、乒乓球室、网球场、壁球室、保龄球室、麻将棋牌室、健身室、按摩室、桑拿浴室、日光浴场等。

(4) 服务设施。不同星级的饭店分别有:商务中心、停车场、外币兑换服务、票务服务、DDD 电话、IDD 电话、洗衣服务、残疾人客房、照顾儿童、商场、银行、邮局、鲜花店、医务室、理发美容室、出租车、旅游服务等服务设施。

4. 照顾行李进房

如果在饭店大堂将行李交给了主人,地陪应陪同游客查点行李有无丢失和损坏,待客人确认无误后,导游人员主动向楼层服务员介绍客人情况和要求,争取他们的协助,共同做好接待工作。引领旅游者带着行李进房;如果行李是后送到饭店的,地陪则应在行李到达后督促行李员将行李一一送到主人的房间。

5. 协助处理有关问题

旅游者进入房间后,如果对房间不满意,地陪还要协助处理这类问题。

6. 安排好第二天的叫早时间

地陪应及时与领队确定第二天起身、用餐和出发的时间,由领队告知全团,地陪则通知总服务台或楼层服务台次日叫早时间。

7. 带领客人用好第一餐

入住后如有用餐安排,要提前与餐厅联系,告知注意事项。

出门旅行"吃"很重要,特别是到异国他乡,吃好第一顿饭就更为重要了。导游人员要亲自带领客人进入餐厅,帮助找好桌次。客人坐好后,应介绍综合服务供餐的标准和免费提供的项目。还应了解团员中有无素食者、对食品有特殊要求和忌讳的客人等。待一切就绪后,要祝大家用好餐。

地陪还应向餐厅负责人或主要服务人员交代旅游团情况,提供标准;需要时,将团长介绍给服务人员,以便直接联系,听取客人的要求。

假若是入境团队,一般情况下,西方来的客人爱吃中餐,导游员可安排他们中餐和晚餐用中餐,早点用西餐为好。如果是东方来的客人,也可以安排用中餐式的早点。无论哪顿餐,营养健康的食品以及水果蔬菜之类的素食,总是客人最喜欢的食物。

三、及时处理入住房间后的问题

客人到达房间,不等于一切都好了。作为负责的导游人员,还应在饭店多停留一些时间,或者告诉客人自己所住的房间号码,以便有事可以找到并协助解决。

客人入住饭店后,常有下列问题发生:门锁打不开或房卡不好用;有经验的旅游者通常会先检查浴室,有时会出现浴室无热水或龙头漏水;房间不干净,或某些物品漏换;卫生间消毒不彻底或缺少物品;行李没到或被别人拿错。

除此之外,还会有一些特殊情况出现。如:不是夫妻,给安排到了一个房间;打开门一看,房间里仍有人住着。

发生了以上事情,导游应协助饭店迅速解决,并向客人讲明情况,以示歉意。千万别同客人一起抱怨饭店,客观上激化矛盾。

四、《星级饭店客房客用品质量与配备要求》

详见"附录四"。

▶ 本章小结

入住饭店过程虽然简单,但也是小问题多发的阶段。游客游览一天都非常疲惫,对旅途中的"家"的要求会非常高。地陪导游员要协助游客尽量与饭店协商解决各类问题。

▶ 思考与练习

请分别为以一家五星级饭店、一家四星级饭店和一家三星级饭店为例编写饭店介绍导游词,请注意对饭店服务设施与项目、房间入住注意事项等内容的介绍。

实训六
商定旅游行程计划

▶ 本章导读

地陪导游员的接待计划会与全陪或领队拿到的不一致吗？如果出现了这样的问题,地陪该如何做呢？

▶ 学习目标

1. 了解核对和商定旅游行程计划的必要性；
2. 熟悉把握商定旅游行程计划的时机和核对的具体内容；
3. 掌握商定旅游计划行程的基本程序和方法；
4. 熟悉相关问题的处理方法。

任务1　认识商定旅游行程的必要性

━━ 案例：到时候再说吧 ━━

案情

2011年11月,导游员小李受某国际旅行社委派,接待一个来自台湾地区的入境旅游团。该团在大陆要先后参观北京、西安、桂林和广州,最后从广州出境。根据计划行程,小李在接团当天的19:30抵达北京首都国际机场,并顺利地接到了该旅游团。在从机场回饭店的途中,小李向游客致欢迎辞,进行简单的沿途导游讲解,介绍了该团队在北京的日程安排以及下榻酒店的情况。即将抵达酒店时,小李未与领队商量,即通知游客第二天6:00叫早,7:00出发开始在北京的参观游览活动。当时坐在最前面的领队马上说:"6:00不行,太早了。"导游员小李又说:"那就7:00叫早好了。"领队又说:"7:00也太早了,你没有看到大家这么晚才到北京,你应该给大家留出足够的时间让大家恢复体力。"接着导游又问:"那您看几点合适呢?"领队说:"到时候再说吧。"车上气氛立即紧张了起来,导游员感到十分的尴尬。

问题

(1)分析导游员小李在旅游车上产生尴尬的原因,有哪些地方他做得不妥?

(2)导游员和领队在旅游活动开始前商定行程的必要性体现在哪里?

提示

导游员在未与领队和全陪商定日程的前提下,冒失地通知游客的作息时间,是对领队和全陪的不尊重。导游员应在车上先与领队就第二天的行程协商后,由领队向全体游客宣布。

导游员在宣布第二天叫早时间时,受到了领队的不礼貌的对待,根本原因在于导游员没有与领队商量,就自行决定向游客介绍行程,显得过于贸然。领队在旅游团中的地位是举足轻重的,尤其有个别领队还要故意在游客面前显示出其重要性以及显示对游客的高度关心,目的是为了增强游客对他的信赖,所以他对于得到各地方导游人员的尊重的要求就非常强烈。关键问题不在于第二天到底是几点叫早更合适,而是导游员没有与领队商量就宣布日程,在领队看来是对他的不尊重,或是目中无人。显然这位导游员忽略了这个最基本的程序,不但得罪了领队,而且使自己后面的工作很被动。

任务2 地陪与领队核对日程安排的工作流程

案例:核对日程安排

案情

导游员通过电话与在酒店房间的领队联系。

导游:"陈先生吗?客人房间都安排好了吗?我在饭店一层大厅等您,请下来我们将日程安排商定一下好吗?"

领队:"好的,我随后就到,请稍等。"

(注意,不要去领队房间谈日程。)

导游:陈先生,客人都安排好了吗?

领队:都安排好了,客人很高兴,也很满意,谢谢您啦。

(在咖啡厅。)

导游:陈先生喝点什么啊?

领队:咖啡。

(服务员送来两杯咖啡。)

导游:陈先生,我们对一下团队的日程。我先来介绍一下。

领队:不错,安排得很好,很详细。不过,还有一个要求。

导游:没关系,请讲。

领队:听说新的首都博物馆开放了,而且有大英博物馆的收藏品在此展出?

导游:是的,上个月刚刚才对外开放的。

领队:这个团里有不少客人很喜欢中国传统文化,尤其是北京又是著名的古都,首博里的东西肯定很多,如果能去一下就太好了,不知道你们能不能给我们安排?

导游:可以,不过要专门去就存在一个绕路的问题,加上景点门票,可能会产生一些费用。

领队:没问题,费用由客人来支付。

导游:请稍等,我先与旅行社联系一下。(向接待社汇报。)

导游:我已经向公司请示过了,公司提示此项服务每人车费20元,导服10元,每个人共计要收取30元钱,您看可以吗?

领队:谢谢您! 好的,没有问题,我这就将费用交给您,请代为联系和办理,辛苦你了。

导游:还有一个问题,如果去首都博物馆,整体的游览时间就有些紧张了,明天在其他景点游览时,要抓紧一点时间,请您跟客人讲一下,多多配合。

领队:您放心,我来说。

表6-1 旅游团在大陆的旅游活动日程表

团 名	××-TW1124/1203	人 数	26人
北京地陪	小朱	13910034×××	领队	林先生

续表

西安地陪	小李	13924780×××	全陪(北京)	小朱
桂林地陪	小王	13934681×××	餐标	30元/餐/人
广州地陪	小刘	13941281×××		
日　期	交通工具	行　　程		酒　店
11月24日	台北/北京(飞机)	20:15抵达北京,入住酒店		国际饭店
11月25日	北　京	游览故宫、雍和宫、孔庙、国子监,品尝烤鸭		国际饭店
11月26日	北　京	游览居庸关长城、十三陵定陵、颐和园		国际饭店
11月27日	北京/西安(飞机)	游览天坛。乘CA1234赴西安游览西安鼓楼景区,品尝泡馍		喜来登饭店
11月28日	西　安	游览秦始皇陵及兵马俑、华清池		喜来登饭店
11月29日	西安/桂林(飞机)	游览大雁塔、碑林博物馆。乘MU4321赴桂林游览象鼻山、芦迪岩公园		桂林帝苑酒店
11月30日	桂　林	游览漓江(桂林—阳朔)欣赏大型歌舞表演《印象刘三姐》		桂林帝苑酒店
12月01日	桂林/广州(飞机)	自由活动乘MU1245赴广州,游览肇庆七星岩公园		白云宾馆
12月02日	广　州	游览南粤王墓博物馆、广州花市、品尝风味		白云宾馆
12月03日	广州/香港(飞机)	乘CA123赴香港出境		

问题

导游员在商定旅游行程时的工作程序和工作内容是什么?

提示

导游应注意选择适当的时机与全陪、领队核对日程,最好是在团队入住后,待游客安顿好之后将领队或全陪约到一个适于谈话的地方,而不要去领队的房间,尤其是异性领队的房间。如果团队到京后马上开始行程,应当在第一

实训六 商定旅游行程计划

次用餐时尽快与领队商定。商定日程的地点最好选择在较为公开的、适合交谈的公众场合进行。

本案例中,导游员在团队客人入住后,稍过一会儿,大概给客人留出进房间和领队查看房间的时间后与领队联系,提出与之商定和调整旅游行程,其时间把握很恰当,也体现出对领队的尊重。商定日程的地点也符合导游服务规范。

任务3 处理组团社与地接社的计划差异

—— 案例:司马台长城还是八达岭长城 ——

案情

导游员小李,接一个来自希腊的入境旅游团。在北京首都国际机场顺利地接到旅游团后,先将游客送回酒店。回酒店的途中,小李介绍了北京的概况和下榻酒店的相关情况,告诉大家团队下榻的是北京国际饭店,饭店位于市中心长安街北侧。团队抵达饭店后,导游员小李协助领队和全陪办理了入住酒店手续。在安排游客均进入房间后,导游员小李和领队一起在酒店大堂内的咖啡厅商定旅游行程。双方拿出各自的旅游计划行程单,相互核对,经过核实后双方发现在计划行程中有一个小的偏差:游客在北京参观游览期间要参观长城风景游览区,领队手中的行程中长城的游览地为司马台长城,而小李行程中的长城游览点为八达岭长城。针对出现的这一问题,导游员小李考虑到旅游行程的编排的合理性,认为应该以地接社的行程即他手里的行程为准,领队则坚持要去司马台长城,两个人因此事僵持不下,互不相让。

于是,导游员小李向旅行社计调人员汇报了该团的这种情况,请旅行社协调处理,同时,让领队耐心地等候旅行社的安排。

问题

(1)在商定旅游行程时,如果出现不同意见,导游员应如何处理?

(2)如需要修改旅游行程,导游人员应注意哪些问题?导游员和领队在旅游活动开始前核对行程的必要性是什么?

(3)在实际操作过程中,哪些原因可能导致组团社与地接社的计划有

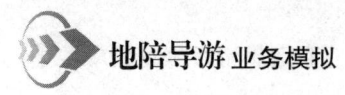

差异?

提示

当领队手中的接待计划与导游员的接待计划有部分出入的时候,导游应采取如下的处理方式:

(1)及时报告接待社,查明原因,分清责任。

(2)如是接待社的责任,应实事求是地说明情况,赔礼道歉,按正确的接待计划执行。

(3)如果是境外组团社的责任,而又不好向游客交代时,在双方都能接受的基础上商定调整行程。

任务4　领队要求增加旅游项目的处理

案例:我们要去欢乐谷

案情

北京导游员小魏接待了一个来自香港的入境旅游团,一行20位游客,其中有4个尚未上学的小朋友。从机场接到旅游团队后,导游员小魏带领团队先回到酒店休息。在饭店安排好游客入住后,导游员小魏与领队取得了联系,得知领队住在607房间,于是直接到领队的房间,与领队一起核对旅游日程安排。双方拿出各自的计划,逐一地对旅游团在京的主要参观游览活动项目,以及住宿标准、餐饮标准、娱乐活动等进行了核对。经核实没有发现问题,领队对小魏所持的地方接待计划无异议,对地接社的日程安排很满意。但是,最后领队提出,该团的很多客人对北京的一个娱乐景区——欢乐谷很感兴趣,希望能够前往游览。导游员小魏听后马上说可以,没有问题,我会给您安排的。

问题

在核对和商定日程阶段,领队提出增加参观景观时,地方陪同导游人员应如何处理?

提示

(1)要对北京的旅游资源情况有较为全面的了解,当领队提出要增加景点时,可根据实际情况适当地向其推荐一些景观。

(2)在安排计划行程以外的游览内容时,应遵循合理而可能的原则。

(3)导游员小魏在与领队商定旅游日程的过程中,有以下不妥之处:

①他不应该到领队的房间去和领队商定活动日程,而应该约在酒店大堂或咖啡厅进行。

②对于游客或领队提出来的个别要求,导游员要先和旅行社相关部门联系,然后再答复游客,并说明费用的问题,不能擅自作出决定。

相关知识

一、导游员与领队核对日程的必要性

(1)导游人员与领队商定旅游日程,是导游人员与领队之间合作的开始;

(2)双方商定日程也是对旅游者权利的尊重;

(3)导游服务工作集体由多人组成,其中主要的是地陪、全陪和领队,地陪应尊重领队、全陪(国内旅游团)的职权;

(4)针对特种旅游团,核定日程更具有重要性;

(5)在商定日程的过程中,可以及时发现问题,以便双方旅行社能够很好地解决存在的问题。

二、核定活动日程的时间和地点

核对、商定活动日程安排,应尽量在一个比较安静、大家容易集中注意力的地方进行,如酒店咖啡厅、饭店大堂、餐厅等处,日程确定后由领队(全陪)向全团宣布。

三、导游员与领队核对旅游日程一般应包括的内容

(1)比较各人手中的团队计划有无出入;

(2)每天日程安排的具体内容;

(3)特殊活动的安排情况;

(4)向领队征求对地接社安排的详细日程的意见;

(5)离开本地时的交通工具,航班(车次)及时间;

(6)领队、全陪有无新的要求;

（7）征求领队对自费项目的安排意见。

四、核对日程的过程中可能出现的问题

通常，地接社编制的活动日程安排只要都包括了旅游协议书中的全部内容，旅游者不会有什么意见，日程核定就可结束，但有时可能会出现如下问题：

1. 当接待计划有部分出入时

如果地陪手中的接待计划与领队、全陪的接待计划有出入，应立即报告接待社，请其查明原因、分清责任。若是接待社的责任，地陪要实事求是地说明原委，向旅游团道歉，提出替代项目并向旅游团介绍。

2. 当旅游者提出一般修改意见时

旅游者提出不涉及费用、不影响计划执行的修改要求，地陪要及时通知接待社，酌情予以满足。旅游者要求增加新的旅游项目，地陪应通报接待社，对合理又可以满足的要求，可尽量安排；若要增加费用，应事先讲明，按规定收费。

3. 当旅游者提出特别要求时

旅游者提出的要求涉及接待的规格或可能影响旅游活动顺利进行时，地陪一般应婉言拒绝，说明接待旅行社不能单方面不执行旅游协议。如果领队、全陪（国内团）提出上述要求时，地陪不能当场拒绝，而应请示接待社有关部门，按其决定妥善处理。

▶ **本章小结**

地陪一定要处理好与全陪或领队的关系。地陪、全陪或领队是相互合作的工作伙伴，而日程安排的核对则是合作的重要内容，要秉持相互尊重、合理而可能的态度解决遇到的问题。

▶ **思考与练习**

请简述导游员应如何搞好与领队的关系。

实训七
参观游览

> **本章导读**

参观游览服务是导游服务的核心内容,也是最容易出现各种突发情况的环节。地陪导游员在加强学习提高自己的文化底蕴及讲解能力的同时,也要做好应对各种问题的心理准备。

> **学习目标**

1. 熟悉北京旅游资源的种类和分布特征;
2. 掌握北京主要旅游资源状况;
3. 掌握旅游资源调查的几种基本方法;
4. 掌握参观游览过程中一些特殊情况的处理方法。

任务1 了解主要的旅游资源

—— 案例:导游服务受到好评 ——

案情

导游员小蒋接受旅行社委派于2005年5月10日至14日间接待一个来自香港的旅游团,一行20位游客。旅行社特别要求导游员要具有中级以上的导游资格,同时对基督教要有一定的了解,因为来访的旅游团为香港基督教学会的成员,到北京主要是考察北京基督教发展情况和目前北京的宗教场所保护情况,以及其他宗教场所的情况。在北京期间,旅游团将主要参加两场基督教宗教活动，参观包括北京天主教四大教堂在内的教堂、雍和宫、白云观、潭柘寺、戒台寺等景观。导游员小蒋接受任务后，为了更好地为香港宗教界游客提供优质的服务，事先对团队计划行程中的主要宗教景观进行了调查和实地走访，同时通过查阅宗教书籍、运用电脑网络等手段搜集掌握丰富的相关材料，并将搜集的北京地区重要宗教景观进行了对比分析，做到心中有数。在接待香港宗教旅游团时，小蒋遵守相关的宗教接待纪律，偏重对北京历史发展与宗教在北京的发展等内容的讲解，为游客提供了非常到位的导游服务，得到了团队游客的普遍好评。

问题

(1)导游员小蒋在这次导游活动中为何能得到游客们的普遍好评？

(2)请总结调查了解旅游资源的主要方法。

(3)通过调查，请分析：

①北京旅游资源主要分为哪些类型？

②北京旅游资源的主要客源地范围？

提示

(1)对北京地区重点旅游资源的调查和分析，可采用多种途径和方法获取信息，但比较快捷的方法是通过电脑网络和查阅文字资料。学生在分组后，可以通过电脑网络很快地收集到大量的信息。在获取大量信息后，必须对所获的信息进行分析和处理，使之成为实用的资料。

(2)北京主要旅游资源的调查，应包括如下具体分项内容：

• 将北京的主要旅游景观分为世界遗产、全国重点、皇家园林、皇家陵园、宗教名胜、名人故居、博物馆、国家 AAAA 景区、自然保护区、城市公园、风景名胜区等；

• 这些旅游资源的数量、基本状况和地理分布；

• 这些旅游资源的吸引力水平、接待能力(旅游资源评价等级)；

• 这些旅游资源的开发状况；

• 这些旅游资源的基础设施配备情况。

(3)在这个案例中，导游员小蒋的工作态度非常认真。对于他来讲，按照平常的带团思路，带好这个团并不难，但是，导游员想到的是游客的需求，即游客到北京来是为了做相关的市场调查和分析的。为了让游客更好地了解北京，需要导游人员具备丰富的相关专业知识和过硬的本领，具有娴熟的导游技能,能够独立完成导游接待任务。所以,小蒋在上团前主动地调查和走访相关的旅游景观,力争使自己的服务更周到和完满。

(4)调查和分析旅游资源的主要途径和方法有:
- 图书馆书籍资料;
- 报刊资料;
- 电视、广播媒体;
- 电脑网络;
- 亲自走访、实地调查;
- 搜集资料后的分析,包括文字、图表等。

任务2 掌握主题旅游产品设计的方法

案例1:北京丰富的旅游资源

案情

一天,导游员小王带领旅游团队前往颐和园参观游览。在从下榻酒店前往颐和园的路上,当行至北中轴路时交通堵塞。放眼望去,在宽阔的道路上,从南到北都是车,游客看着窗外的车流,不禁感慨:北京不愧是首都,不愧是特大城市啊,人多,车多,这种景象在其他中小城市是见不到的。旅游车缓慢地在道路上行驶,在此过程中导游员小王一直在为大家进行着导游讲解。由于车辆行驶过于缓慢,从鼓楼到北四环的路上,走了半个多小时才走了不到2公里,有些游客出现急躁和不耐烦的情绪。此时,导游看到这种情况,及时地调整了讲解的思路,他对游客讲:"大家不要着急,北京由于是我们国家的首都,是全国的政治、文化的中心,也是特大城市,所以在北京见到交通的阻塞现象是非常正常的,同时也是北京特色的一个景观,有人风趣地称北京上下班高峰时的道路就像一个超大型的停车场。"之后,导游就北京的交通这个话题为游客进行了介绍。导游员结合所看到的沿途景观又为游客介绍了北京地区的旅游资源的情况,包括旅游资源的种类和分布情况,以及旅游团此次在京游览的参观项目在北京众多旅游资源当中的地位。导游员小王告诉大家,目前北京地区的旅游资源种类非常丰富,大体上包括世界遗产、全国重点、皇家园林、皇家陵园、宗教名胜、名人故居、博物馆、国家AAAA景区、自然保护区、城市公园、风景名胜区等种类;目前对游客开放的各类旅游景观全市有400多处,分布在北京的18个区县当中,其中外地游客到北京参观游览的主要景观大多集中在城区,旅游团的活动也集中在城区当中。在北京众多旅游资源中,较为有特色的当属帝王文化景观,因为历史上,北京曾是辽代的陪都,金代以后更成为国家的首都,其城市的建造历史达3000多年,作为首都的历史也超过了800年,因此,北京的帝王文化积淀是相当丰富的,如旅游团在北京的参观中就要涉及皇家宫殿建筑、皇家园林景观、皇家陵墓景观、皇家祭祀性建筑、皇家庙宇等。

不知不觉地在导游员的介绍中,旅游车经过了堵车的路段,走上四环路,很快就到达了当天要参观的景观,也是中国目前保存最完好的、规模最大的皇家园林——颐和园。

问题

在掌握北京主要旅游资源的前提下,学会合理地编排旅游行程。请选择以下专题中的任何一个,设计出一条既丰富多彩又经济的北京旅游行程线路。

(1)皇家文化之旅;

(2)文物古迹游;

(3)古都民俗游;

(4)宗教之旅;

(5)博物馆之旅;

(6)探访名人的足迹。

提示

(1)熟悉北京主要旅游产品的分类和特色,了解北京主要主题旅游组合产品的设计原则。设计旅游产品常常不被重视。许多人认为,按照行程做就行了。事实证明,假若导游人员对北京的旅游资源熟悉,并掌握了设计旅游产品的方法,即使旅行活动组织当中有时出现了问题,也可以很好地避免麻烦。因此,设计旅游产品是地陪导游做好导游工作的一项专业能力。

(2)在本案例中,导游员非常熟悉北京的旅游资源情况,能够随机地利用途中堵车的时间,向游客进行介绍。通过介绍可以达到以下几个目的:

• 可以缓解游客在堵车状况下的焦躁情绪;

• 可以为游客介绍北京特色旅游资源的状况和分布情况,同时与旅游团

的计划相比较,介绍一些行程以外的景观,调动游客的旅游兴趣;
- 增强旅游者对北京的了解和对北京旅游的了解;
- 给旅游留下悬念,激发游客再次来北京旅游的动机。

案例2:设计行程

案情

北京某旅行社地接部业务人员小杨某日接到一个来自福建某旅行社的电话,对方表示约有20位客人想到北京旅游,他们所提出的要求是:

(1)旅游行程中的参观景点要突出"皇家文化特色";

(2)所参观游览的景观要具有典型的代表性和北京唯一性的特点;

(3)行程线路安排不要过于紧张,时间要宽松,主要参观景点如故宫、颐和园等的参观时间应在两个半小时以上;

(4)团队标准为标准等。

根据对方提出的行程要求,业务员小杨很快地编制出了一份四晚五天的旅游行程(包括日程安排、参观景点、住宿和餐饮标准等)的报价,并通过传真发给对方。旅游行程如下:

表7-1 北京四晚五天行程

时 间	游 览 景 观	住宿等级
第一天	接团,入住酒店,游览北京藏传佛教最大的寺院,唯一保存的由王府改为寺院的雍和宫	华都饭店(三星)
第二天	游览世界上最大的城市中心广场天安门,世界上保存最完整、规模最大的皇家宫殿建筑群故宫,国内保存最古老的皇家园林北海、团城	华都饭店(三星)
第三天	游览世界古代七大奇迹之一的长城、埋葬古代帝王最多的十三陵、参观清代专为皇家御药房进药和提供医疗服务的医药企业北京同仁堂	华都饭店(三星)
第四天	游览清代皇家园林的典型代表颐和园和圆明园,参观最具皇家特色的典型工艺产品景泰蓝	华都饭店(三星)
第五天	游览世界上最大的皇家祭天场所天坛,送团	

备注:北京地方接待价格860元,包括旅游景点第一道门票、9正4早的餐费(餐标早餐5元、正餐20元)、三星级酒店四晚住宿、豪华空调旅游车、导游服务等

对方在接到北京旅行社发去的北京地方接待行程报价后,根据此报价相应地加上往返交通和其他的综合服务费用等,最终作出一个适当的报价向旅游者进行销售。

问题

设计一条北京四晚五天民俗旅游线路。

提示

首先对北京的民俗旅游资源进行调查,然后合理地安排北京民俗旅游行程路线。

旅游景观的选择要突出北京地方特色,考虑到北京历史发展中最具代表性的旅游资源。

在本案例中,该旅行社业务人员对北京旅游资源的具体状况有相当的了解和掌握,能够根据对方组团社的要求和旅游者的要求适当地组合旅游产品,形成一个具有一定特色的旅游产品。

任务3 掌握重点景点重点线路的讲解

案例1:故宫的参观路线设计

案情

导游员小王即将带领游客参观故宫,他根据不同的时间要求和游客的情况设计出了两条故宫的旅游参观线路,具体设计安排如下:

线路一:中轴线(时间一个半小时)

午门—太和门—太和殿—中和殿—保和殿—乾清门—乾清宫—交泰殿—坤宁宫—坤宁门—御花园钦安殿—堆秀山—顺贞门—神武门

具体行程讲解安排:

午门,讲解午门的作用及颁朔大典、献俘大典。

太和门,讲解明朝和清初的御门听政。

太和殿,讲解明清时代的大朝会盛典和太和殿的建筑特色。

中和殿,讲解中和殿的作用,如皇帝祭祀天地和太庙前在这儿验视祝版等。

保和殿,讲解古代科举考试的最高一级考试——殿试的情况,以及殿后的大型云龙石雕(古代最大的石刻作品)。

乾清门,讲解清代的御门听政,以及发生在南书房中的康熙除鳌拜事件。

乾清宫,讲解乾清宫的作用,明朝历史上发生在这里的三大案,清朝乾清宫正殿高悬的正大光明匾额在雍正皇帝的秘密建储制度中的作用。

交泰殿,讲解殿内陈设(25方宝玺、无为匾)及皇后的千秋节。

坤宁宫,讲解清萨满祭,以及皇帝的洞房。

御花园,讲解钦安殿中的道教水神玄武大帝,代表四季的亭子。

神武门,讲解神武门的作用,以及名称的由来。

时间安排:

总时间一个半小时,前朝部分40分钟,后寝部分20分钟,御花园30分钟。

线路二:故宫前朝 + 养心殿 + 外东路珍宝馆(时间两个半小时)

午门—太和门—太和殿—中和殿—保和殿—军机处—内右门—养心殿—乾清门—景运门—皇极门九龙壁—宁寿门—皇极殿—宁寿殿—养性门—养性殿—畅音阁—乐寿堂—颐和轩—珍妃井—神武门

具体行程

前朝部分与上同。

军机处,讲解与清朝雍正皇帝的关系和作用。

养心殿,讲解慈禧与垂帘听政、三希堂。

乾清门,讲解清朝的御门听政。

九龙壁,讲解建筑特色、民间传说。

外东路珍宝馆,讲解宫廷珍宝收藏,包括《大禹治水玉山》、象牙席、乾隆田黄三联章、古代铭刻珍品——《石鼓文》。

珍妃井,讲解珍妃生平,珍妃井的由来。

神武门,讲解名称的由来及作用。

时间安排:

总时间两个半小时,前朝部分45分钟,养心殿30分钟,外东路珍宝馆60分钟,神武门15分钟。

问题

熟悉故宫的建筑布局,设计故宫专题游览线路。具体要求如下:

(1)时间为两个半小时;

(2)参观专题展览包括:古代玉器、珐琅器、钟表、珍宝、铭刻、书画、宫廷生活原样陈列等。

提示

不同的游客群体,兴趣爱好各不相同。通常,从事同一职业的人、相同年龄结构的人和文化层次相同的人,往往有着类似的兴趣爱好。导游人员在研究旅游团的资料的时候,要注意游客的职业和文化层次,以便在游览时有针对性地讲解旅游团内部大多数成员感兴趣的内容。讲解时,要突出景点的重点,尽量避免面面俱到、蜻蜓点水式的千人一词的讲解模式。

此案例中的导游员,根据不同游客和参观行程的要求,设计了两条不同参观线路的故宫参观行程,基本可以满足不同游客的需求。

案例2:颐和园的参观路线设计

案情

导游员小苏带领旅游团于2005年4月间在北京参加两晚三天的游览活动。由于团队在北京停留的时间有限,所参观的景观又比较多,因此在每个景观中,需要导游员在带领游客进行参观和讲解的过程中突出重点,同时事先设计合理和经济的导游路线。

在颐和园参观游览时,因行程安排的问题,只有一个半小时的时间供游客参观。导游员小苏事先对景区当中的参观作了如下的计划,同时设计了导游路线。

设计的导游路线:

从东宫门进入,依次参观仁寿殿、乐寿堂、长廊、清晏舫、宿云檐,然后从西北如意门出园。

导游讲解在每个景点的所需时间和主要的讲解方法:

东宫门内导游图前:10分钟,采用概述的导游讲解方法。

仁寿殿前:讲解+游客自行参观15分钟,采用分段讲解的导游讲解方法,分段讲解仁寿殿、乐寿堂、长廊、清晏舫、宿云檐等景观的情况。

乐寿堂前:讲解+游客自行参观20分钟,采用虚实结合的导游讲解方法,结合慈禧太后的野史和正史讲解清代宫廷生活的具体内容。

长廊景区：讲解+游客自行参观 30 分钟，采用画龙点睛的导游讲解方法，即先是全面介绍长廊的概况，然后重点突出点缀在长廊上的四座代表四季的亭子和两座临水轩，从而起到画龙点睛的效果。

清晏舫前：讲解+游客自行参观 10 分钟，采用问答的导游讲解方法，即采取与游客互动的方式一问一答地讲解清晏舫。

宿云檐前：讲解+游客自行参观 5 分钟，采用类比的导游讲解方法。在讲解宿云檐的时候，比较前面看到的文昌阁，以及没有看到的其他城关式建筑的特色和作用等。

问题

请设计出在颐和园景区中游览半小时、一小时的两条导游路线。

提示

要注意线路的设计和参观时间安排的关系。

本案例中，导游员小苏根据计划行程设计了一条经济合理的导游路线，参观了园区当中最重要的一些景观。通过这条导游路线，可以使游客对颐和园的全貌有一个很好的全面了解。在带团过程中，小苏还运用了多种导游讲解方法，使整个参观过程轻松而又充实。

任务 4　特殊情况的处理

案例 1：旅游者中暑的预防和处理

案情

2005 年 8 月，西安一行 23 人参加由陕西某旅行社组织的山东八日游旅游团，主要行程包括参观济南、泰山、曲阜、青岛等地的著名景观。旅游团行程如下表：

表 7-2　山东八日游

日期(8 月)	交通工具	参观行程	用餐购物	酒店住宿
5 日	西安—济南(火车)	乘 2129 次火车(13:59)出发	自 理	火车上
6 日	济南(汽车)	6:44 抵达济南，趵突泉、千佛山、大明湖、市容	早中晚 3 餐	济南饭店

续表

日期(8月)	交通工具	参观行程	用餐购物	酒店住宿
7日	济南—泰山(汽车)	岱庙、一天门、中天门、南天门等	早中晚3餐	泰山度假饭店
8日	泰山—曲阜(汽车)	孔庙、孔府、孔林	早中晚3餐	杏坛宾馆
9日	曲阜—青岛(汽车)	栈桥、八大关、市容	早中晚3餐	铁路宾馆
10日	青岛—崂山(汽车)	崂山一日游	早中晚3餐	铁路宾馆
11日	青岛—西安(火车)	乘K172次火车(8:45)返回西安	自理	火车上
12日	西安	5:32抵西安,结束山东之旅		

备注
1. 旅游团费用包含:往返交通费、餐费(5早10正)、二星级酒店住宿、空调旅游车、景点第一门票、导游服务、旅行社综合服务费等;
2. 旅游团费用不包含:自费项目、泰山索道(自理)、个人购物及火车上用餐。

山东地方接待社是山东某旅行社。山东某旅行社委派地方陪同导游人员小赵负责该团的接待任务,并陪同该旅游团完成在省内的旅游行程。旅行团一行于8月5日乘火车离开西安赴山东济南。时值盛夏,由于山东中西部地区长时间缺少降水,气温持续在35℃左右。旅游团抵达济南后,由于当地酒店规定的结账时间为12:00,所以导游员小赵先直接带领旅游团吃早餐,然后将游客的行李放在旅游车上即带领旅游团进行参观游览。为了完成旅游行程计划,导游员小赵带领游客在济南进行了长时间、长距离的参观游览活动,同时为游客提供了非常精彩的导游讲解服务。当天下午,在游览大明湖公园时,有一名老人和一名儿童相继发生轻度和中度中暑。导游员小赵及时妥当地与全陪对中暑游客进行了救治和处理,并由全陪陪同中暑游客回酒店休息。

问题

(1)地方陪同导游人员小赵在了解当地气候情况的前提下,应对游客做哪些提醒和准备工作以预防中暑?

(2)当发生游客中暑后,导游人员应如何对中暑患者实施紧急救治?

提示

作为地陪,要做好工作,就要熟悉旅游者在旅游过程出现的一般疾病、中度疾病和重度疾病的处理原则;熟悉中暑的预防和处理;熟悉晕车的预防;一旦发生上述情况,地陪可根据自己所了解的有关知识及病人的表现,及时、妥善地予以处理。

导游人员应时刻注意身边环境的变化,切实为游客着想,逆向思维,及时发现游客的需求。导游人员应熟悉当地的气候特点,随时关注天气的变化,并及时向游客通报天气情况,提醒游客注意,并在旅游行程安排上适当调整。

本案例中,旅游团抵达的当天,导游员小赵因为考虑到酒店的入住规定,在接到旅游团队后先带领游客进早餐,然后即开始在济南的参观游览活动。因要按计划完成旅游接待计划,不能遗漏参观景点,导游员小赵未过多考虑济南当时的天气状况,便带领游客进行了长时间的参观和游览,导致游客发生中暑。小赵主要的失误在于,没有注意到特殊的气候因素,没有做好中暑的预防工作。

正确的做法是:应当在旅游团队用完午餐后,如条件许可先带旅游团回酒店,办理入住手续,稍事休息后再带领团队继续参观游览。

同时,应做好中暑的预防工作,主要包括以下几项工作内容:

(1)盛夏期间做好防暑降温工作,室内应开窗使空气流通,地面经常洒水,设遮阳窗帘等。

(2)合理安排作息时间,不宜在炎热的中午强烈日光下过多活动。

(3)游客头痛、心慌时,应立即到阴凉处休息、饮水。

(4)合理安排和调整旅游行程线路,尽量让游客避免在烈日下暴晒。

(5)提醒旅游者要多喝盐水或饮料,以补充体内水分。

(6)建议游客出游时最好穿白色、浅色或素色衣服,戴太阳镜、太阳帽,携带防暑药,高温时段不要出游,保证充足的睡眠,使用防晒霜等防晒物品。

案例2:旅游者晕车的预防

案情

上文案例中提到的西安旅游团,在山东境内的行程有相当长的时间是在旅游车上度过的,如从济南至泰山、从泰山到曲阜,两段路上的移动时间约需要4个小时;从曲阜到青岛段大约需要5个小时的路程。在旅游团向其他城市转移之前,导游员小赵及时提醒游客要注意防止晕车的发生,提醒游客做好相应的准备,以防不测。由于准备充分,旅游团顺利抵达旅游目的地。

问题

为防止晕车的发生,导游人员应做好哪些预防和准备工作?

提示

(1)熟悉晕车常识。在长距离乘汽车旅游之前,做好相应的物质准备和思想准备工作,如在旅游车上准备晕车药、方便口袋等。

(2)事先了解游客情况,提醒有晕车史的游客做好预防准备工作。

(3)准备一些游客感兴趣的话题,在长途旅行的路上与客人沟通,分散游客的注意力,减少晕车情况的发生。

案例3:旅游者食物中毒的预防和处理

案情

旅游团在山东参观游览的最后一站是青岛。青岛是著名的海滨旅游城市,有着优美的环境和丰富的旅游资源。游客在青岛要住宿两个晚上,停留的时间比较长,行程安排也不是非常紧凑。在旅游团抵达青岛的当天晚上,导游员小赵考虑到旅游团经过长途的车程和当天的参观游览后,肯定比较疲劳,想让游客早点回酒店休息,于是早早地结束了当天的参观游览行程。在回酒店的途中,小赵还提醒游客如在外品尝海鲜一定要注意卫生,因为以往经常有外地游客吃坏肚子的情况发生。当天晚上,部分年轻游客相约出去逛街吃海鲜,在品尝海鲜的过程中由于吃了不洁净的海鲜,有5位游客发生食物中毒。当时,在酒店已经休息的导游员小赵,急忙联系急救中心,并亲自到急救中心陪同游客进行医疗救治工作。经过将近一夜的抢救,5位游客均脱离危险,但他们身体虚弱,需要休息。第二天,经过一宿疲劳的导游员小赵依旧带领游客继续参观游览,几位食物中毒的游客则留在酒店休息。

问题

(1)如何预防食物中毒?

(2)发生食物中毒后,应如何进行紧急处理?

提示

导游人员应熟悉旅游城市的饮食卫生状况和特色餐饮情况,熟悉食物中毒的常识以及食物中毒的处理程序。

在本案例中,导游员小赵在带领旅游团游览青岛的过程中,非常尽职尽责地提醒游客在外面品尝海鲜时要适量和注意卫生安全。青岛是我国著名的海滨旅游城市,有丰富的旅游资源和特色海产品,到青岛来的游客一般都要品尝当地的特色海产品。在青岛也有各种档次的海鲜店,包括大的海鲜饭店、中低档海鲜餐厅和家常的海鲜排档等。旅游团抵达青岛的当天晚上,部分游客利用晚上的时间到大排档品尝海鲜食品,半夜回到酒店后不同程度地出现食物中毒情况。导游员小赵由于有着丰富的工作经验和处理此类事情的经验,当天半夜得知游客发生食物中毒后,及时地联系了当地的急救中心,并向旅行社有关领导汇报了相关情况;及时地进行了处理,且在对游客进行救治的整个过程中,导游员小赵一直陪伴在游客的身边,直到病人脱离危险,尽到了导游人员应尽的职责。

案例4:旅游者在景点中走失的处理(1)

案情

　　导游员小孙接待一个来自云南的旅游团队在北京旅游,团队一行30人,下榻在华都饭店。该旅游团队中有3位老人和2位不满10岁的儿童。

　　旅游团在京旅游的第三天是游览颐和园、香山,参观军事博物馆和中华世纪坛等景点。导游员小孙与游客约定好7:30从酒店出发。当天7:00导游员小孙就赶到了酒店,并陪同客人用早餐。在与客人接触时,小孙还提醒团队中的3位老年游客要更换跟脚的鞋,因为当天要走很长的路。早餐后,导游员小孙带领游客集体登车。登车时,小孙站在旅游车车门的一侧,一边和每一位游客打招呼,一边默默地清点着游客的人数。当确定全体团员均已经登车后,小孙方才上车。上车后,小孙也没有急于催促司机开车,而是示意全陪再次清点人数,做到万无一失后,方让司机师傅关上车门,开车出发。

　　从酒店出来后,旅游车先上三环路,然后沿着北三环经苏州桥上四环前往颐和园。一路上,导游员小孙向游客首先介绍了当天的行程安排,以及将要参观游览的几处景观的名称和大概的时间;然后,将当天的天气情况向大家作了介绍:当天的天气非常晴朗,是个出游的好日子。小孙调侃地和客人讲:"北京为了表示欢迎大家的到来,以如此美好的天气接待大家,希望大家在游览过程中能有好的心情。"旅游车行进在北京宽阔的三环路上,因为是上班高峰,路上车辆比较多有些堵车。小孙借机又向游客介绍了北京最近几年城市发展的情况和机动车发展的情况,使大家对北京有了更全面的了解;同时,小孙结合沿途看到的景观适时地进行着沿途景观的导游讲解,游客怀着极高的兴趣听着导游的讲解。

旅游车从苏州桥转上四环路后,距离颐和园已经很近了,在旅游车即将到达颐和园时,小孙又开始简单地介绍颐和园与清代的三山五园的情况。快到颐和园大门的时候,小孙对大家说:"我们的旅游车将停靠在颐和园的东宫门,待各位下车后,旅游车将停在北宫门停车场等候。因此,在颐和园中游览是不走回头路的,希望大家一定跟上我的脚步,不要掉队。万一有人和我们失去联系,或走失了,请直接到北宫门停车场找我们的旅游车,我们旅游车的车号是京B115××,请大家一定记好。我们在颐和园中游览的时间为2个小时,我会和全陪相互配合。我的电话号码是1366115×××,有事请联系我。"说话间,旅游车已经抵达颐和园门口,导游员小孙带大家下车。

旅游团抵达颐和园后,利用购买门票的间隙,导游员小孙让游客在门口拍照留念。

稍后,导游员小孙带领大家进入了北京最著名的皇家园林——颐和园。在园区导游图的前面小孙停了下来,在这里正式开始颐和园的导游讲解。小孙为游客讲解了颐和园的概况,同时告诉游客旅游团队在园区中的行走路线,以及在每个主要景观的大致停留时间和最后的集合地点,使游客做到心中有数,并一再强调,颐和园的面积非常巨大,现在又是旅游旺季,园中游客较多,请大家一定跟上导游的脚步,导游也会适当地放慢脚步,在景色优美的地方也会给大家时间拍照、方便。在参观游览过程中,小孙请全陪在团队最后照看,防止有人掉队。

问题

(1)带团赴景点参观游览、抵达景点之前,导游员应做哪些工作?

(2)旅游者在景点中可能走失的原因有哪些?

(3)如何预防旅游者在景区、景点走失?

提示

(1)注意沿途讲解的内容分配。在即将到达景点时,提醒游客相关的注意事项。提醒工作不要嫌麻烦,要细致,尤其对于散客组成的旅游团要多提醒。

(2)在该案例中,导游员小孙在预防游客走失方面做到了以下几点,值得称道:

①在旅游团从酒店出发前往颐和园的路上,导游员小孙较为详细地介绍了当天的活动安排,包括当天要去的几个主要的景点和大概的时间安排;

②抵达颐和园之前,提醒游客记住旅游车车号、旅游车停靠的位置和导游的联系方式等,便于走失时可及时与导游联系和找到旅游车;

③在到达颐和园后,站在颐和园门内的导游图前进行概况介绍时,又再次详细介绍当天在园区的导游路线,以及在各处景观停留的大概时间、最后集合的地点等;

④参观游览中经常清点人数;

⑤与全陪等合作人员搞好配合。导游员小孙在前面带领游客参观和进行导游讲解,请全陪在旅游团的最后进行照看,督促掉队的游客及时跟上队伍。

案例5:旅游者在景点中走失的处理(2)

案情

在颐和园中,导游员小孙先后带领游客参观了以仁寿殿为中心的政治活动区、关押光绪皇帝的玉兰堂、慈禧太后居住的乐寿堂等帝后生活区域,之后带领游客沿着长廊向西走,一路上积极地为游客进行着讲解。当走到排云门时,团队中有位游客从后面跑到导游员小孙面前非常着急地告诉小孙,与他同行的两位老人不见了。此时,导游员小孙也非常着急,但表面上未表现出着急,他让这位游客好好回想一下,最后看到老人是在什么时候、什么地方。经这位游客回想,好像是在乐寿堂最后看到的老人,走上长廊后他一直以为老人走在前面,可刚才一找并没有,所以才着急地告诉导游。在问清楚情况后,导游员小孙一面安抚这位客人,让他不要着急,会马上组织寻找;一面找来全陪,告诉他发生的情况,请他和这位客人一同往回走,去洗手间、商店、景观等老人可能停留的地方寻找,自己带领游客在排云门处继续参观游览,并在此给游客一定的自由活动时间,等候全陪等人去找老人,同时告诉他们寻找所行走的路线。

当旅游团中的其他游客听说老人走失后,也要求积极地配合寻找,被导游员劝阻了,因为颐和园中的情况很复杂,多名游客去找,反而会造成更大的麻烦。

问题

(1) 地陪如何与全陪、领队配合防止旅游者走失?

(2) 在景点中发现旅游者走失时,导游人员应如何处理?

提示

发现客人走失后,要冷静地分析游客可能走失的原因和去向,并发动全陪、部分游客协助寻找走失游客;同时要找到适当的地点,将其他客人安置在目标明显、范围相对较小的地方休息或参观。

如果在短时间内找不到走失游客,导游员可以求助公园的相关部门帮助寻找,如通过景点中的广播或求助景点派出所等帮助寻找。

经进一步长时间寻找后,如果依然找不到,导游人员还可与下榻的酒店取得联系,或直接往酒店客人住的房间打电话,询问走失游客是否返回酒店。

如果是重点团队的游客,发生此类事故后必须向旅行社有关部门报告。

案例6:旅游者在景点中走失的处理(3)

案情

时间过了不久,全陪与走失游客亲属找回了走失的两位老人。原来,老人在乐寿堂参观时突然想方便,当时周围又没有洗手间,他们记得导游员小孙在玉兰堂处曾稍事停留让大家方便,那时由于老人正在湖边拍照没有去,走到乐寿堂时想起来了,以为导游员会在这里停留一段时间,于是往回走去找洗手间,所以与团队走散了。回到团队中后,两位老人急忙向大家致歉,感觉非常不好意思,觉得耽误了大家的游览和时间。导游员小孙及时地予以安慰,并没有埋怨老人,而是主动地作了自我批评,对没有照顾好两位老人表示道歉。之后,小孙带领旅游团继续参观游览。

问题

(1) 如何对待旅游团队中自由散漫的游客?

(2) 团队中老年游客和儿童游客的接待原则是怎样的?

(3) 在这个案例中,导游员小孙有哪些地方做得不妥?

提示

(1) 当走失游客回到旅游团时,应及时地对其进行安抚,不要批评和讽刺。

(2) 导游在带团时,应对团队中的老人、儿童、残疾人、特殊人群(如宗教界人士、高级别人士等)特别注意和关照,时刻观察他们的需求和动向。

(3)要掌握旅游景观中一些公共设施的分布情况(如洗手间、商店、食品部分布的位置等)。

(4)在这个案例中,导游员小孙在处理此问题上的不妥之处如下:

①没有做到每转移一个景观都认真清点人数。

②在带领团队参观游览过程中,对游客的观察不够细心,没能及时发现游客的需求。

③与全陪的配合不到位。

④在发现客人走失后,应将多数游客安置在相对稳定的地方,然后与全陪及走失游客的亲属一同回去寻找。导游员小孙在处理这个问题时,是让全陪和走失游客的亲属回去寻找,他继续带团参观,忽视了另外一个问题,即全陪和走失游客的亲属可能对景区环境不熟悉,线路不了解,让他们回去寻找,有可能会进一步地耽误时间和造成寻找人的再次迷路,从而造成更大的麻烦。

⑤在事先的提醒工作中,没有提醒游客实在找不到旅游团时,可自行回酒店。

案例7:证件丢失的处理

案情

导游员小王带领来自上海的旅游团队某日下午到恭亲王府花园参观。小王带领团队购票进入景区后,改由恭王府的景点导游小胡带领游客继续参观,并进行导游讲解。旅游团队在景点导游的带领下,先后参观王府花园独具特色的西洋门、清乾隆时期和珅的藏宝楼、福厅、福山、福洞等景观。之后,旅游团到王府内的戏楼欣赏曲艺和京剧表演。当时,园内旅游团队很多,导游员在入园之前即提醒游客照看好自己的随身物品。在戏楼中,游客们饶有兴趣地欣赏了京剧清唱、杂技、口技、顶缸等颇具北京地方特色的曲艺表演。当欣赏完戏楼中的曲艺节目后,旅游团队陆续退场,导游员小王走在最后,依然不忘叮嘱游客带好自己的物品。

从戏楼出来后,园内导游带领旅游团继续参观。当走到西路池塘时,一对母女游客发现自己的棕色小包不见了,顿时惊慌失措地喊了起来。此时,导游小王一直跟在游客的身后,他马上近前对母女俩讲,不要着急,好好回想一下最后见到小包是在什么时候。经回忆,在戏楼看曲艺表演时还有,可能是落在戏楼了。同行的其他游客也非常为母女俩着急。那位母亲说,包里有她俩的身份证、返程的飞机票和信用卡以及2000元的现金。于是大家中止了参观,一同陪母女俩返回戏楼寻找。戏楼中下一场演出已经开始,为了不惊扰正在观看演出的其他旅游团的游客,母女俩在景点导游的带领下从后台进入戏楼,找到负责清场并收拾东西的领班,请他问一下在场的服务人员,看有没有在上一场演出结束后清场的过程中捡拾到一个棕色的小包。经询问,场内的服务人员均称没有捡到游客形容的小包。此时,导游小王和全陪又走到戏楼中客人曾坐过的地方,询问观看表演的游客有没有在进场时发现一个棕色的小包,依然未果。在外边等候消息的母女俩非常迫切地等候着消息。当得知没有找到时,女儿急得哭了。母亲拉着导游小王的手,焦急地说:"都是我不小心,把包掉了。钱倒是小事,关键包里有返程的机票和身份证,原本想在北京玩几天后,按期回沪,大人还要上班、女儿还要上学的,没想到会发生这样的事情。"

导游小王经过一段时间的寻找后,认为短时间内不会有结果。于是,示意景点导游和全陪继续带领其他游客在园区中参观游览,自己先给旅行社计调部打了电话,将所发生的情况进行了汇报,然后带领母女俩到位于园中西侧的派出所报案。在派出所中,母女俩将事情的前后经过向派出所的民警作了描述,接待民警则做了笔录。之后,派出所留下了母女俩的联系方式、旅行社的联系方式等,就此事件立案;同时,为母女俩开具了身份证明,以备乘坐飞机时机场查验。

导游员小王在处理好这些问题的同时,还提醒母女俩应尽早到银行办理信用卡挂失手续。

该团队之后结束了北京的旅游行程。由于导游员小王较好地处理了旅游过程中发生的问题,团队游客顺利地离京返回了上海。事后,几位游客还向旅行社写来表扬信,对导游员小王提供的优质服务表示感谢。

问题

(1)如何做好游客财物丢失的预防工作?
(2)如何安抚丢失物品的游客?
(3)游客身份证丢失如何补办?

提示

(1)为了预防旅游者丢失财物,导游员应做到以下几点:

- 时刻走在团队游客的身边,永远让游客在你的视线当中。
- 随时进行提醒工作。
- 提醒游客在特殊地区的注意事项,即注意自我保护。
- 随时注意周围环境的变化。

(2)这个案例是一个较为典型的案例,主要涉及以下几个问题:
- 游客出现财物丢失情况后,导游人员如何稳定游客的情绪。
- 游客身份证件丢失的处理。
- 游客钱物丢失的处理。
- 游客银行卡丢失的处理

(3)在此案例中,导游人员无论是在景点的游览过程中,还是在欣赏曲艺表演的过程中,能够做到时刻与游客在一起,第一时间了解游客的动向,并适时地对游客进行安全提醒工作,其做法是符合导游服务规范的要求的。

导游员小王在处理游客财物丢失事件的过程中,其做法是符合导游人员服务规范的:

第一,游客在发现财物丢失后,情绪非常焦急,导游人员先要稳定游客的情绪,让游客冷静地回想事情发生的经过,尽量回想可能是在哪里丢失的物品,以及丢失财物的数量和品种。

第二,立即组织寻找,也可以发动部分游客帮助寻找;如果短时间内找不到,应立即到当地派出所报案。

第三,向旅行社有关部门汇报,将具体情况予以说明;如果需要旅行社开具相关证明,应通知旅行社准备。在这个案例中,由于游客的身份证件丢失,影响了游客的离京和乘坐飞机,因此,旅行社应及时为游客出具物品遗失证明。

第四,带领游客到园区派出所报案,由丢失财物的游客描述事情发生的经过,经办案民警笔录后立案;同时,应预留双方联系方式,包括游客的电话、导游人员的电话和旅行社有关部门的联系方式。

第五,由派出所为游客开具临时身份证明,以备乘飞机时机场查验。

第六,提醒和督促游客对丢失的金融证件(信用卡)等进行挂失,以免发生不必要的损失。

第七,后续工作:协助游客预订返程票证,这项工作由旅行社有关部门协助解决。

案例8：安全事故的处理

案情

一天，某旅游团乘坐旅游车从酒店出发前往当天要参观的旅游景点。途中，司机发现汽车的刹车表气压越来越小，急忙在路边停车检查、检修。在检修过程中，游客则站在街边聊天和抽烟，一些人焦急地站在司机师傅的身边，与之一同查找着原因。此时，该团的导游员小钱在一旁也非常着急，因为当天的行程是浏览世界公园、电视塔和颐和园等景观，而这些景观分布于北京的南北两个方向，路程较远，所以，导游员一边照看客人，一边与司机商量，能否由司机师傅在此修车，同时，再调一辆旅游车过来，带领游客继续参观游览，因为如果车辆带病工作，存在极大的安全隐患。但是，司机没有说同意与否，而是积极地寻找故障原因，认真修车。20分钟后，车辆再次启动。导游员小钱感觉车辆并没有完全消除故障，但司机执意说没有问题，说将车开到当天的第一个游览景观问题不大，待将客人送至旅游景点后，利用游客在旅游景点参观的时间再去修车。

当旅游车行至一繁华地段时，汽车刹车再次失灵，旅游车与前方正常行驶的一辆中型轿车相撞，车辆严重受损，旅游车上有游客受伤。

事故发生后，导游员小钱首先查看游客有无受伤，在确定有游客受伤后，给120打急救电话，通知医务部门对受伤游客实施救助；同时，打交通报警电话122，等候交警来处理交通事故；然后通知旅行社，报告相应的情况；之后保护好交通事故现场，在旅游车上安抚受到惊吓的游客。

不久，交通管理部门和急救部门的人员先后赶到，很快地处理好了这起交通事故，旅行社也从其他地方调了另一辆旅游车带领其他游客继续参观游览活动。

问题

（1）交通事故的处理程序是什么？
（2）怎样预防旅游安全事故的发生？
（3）交通报警电话号码是多少？

提示

（1）导游人员在带团期间，应提醒旅游车的司机经常性地检查和保养车辆,不要让旅游车带病上团。

(2)掌握旅行社计调部门有关人员的联系方式,在发生紧急情况时及时取得联系,迅速解决问题。

(3)在本案例中,导游员曾经提醒司机要认真检查车辆,如果有问题应停止上路,但司机没有听取导游员的意见,认为车的故障并不严重,简单地修理后就能继续工作。总之,由于司机的疏忽造成了交通事故和游客的受伤。

在交通事故发生后,导游员能够按照导游服务规范中关于交通事故的处理方法进行处理,主要做了以下几项工作:

①查看游客受伤情况,立即组织抢救,同时通知急救单位。

②协助司机和有关人员保护好事故现场。

③立即报告:拨打122报警电话,请求派员到现场调查处理;报告旅行社,通报事故情况,请求派人处理事故,并派车来接未受伤的其他游客继续参观游览。

④做好安抚工作,同时为未受伤游客提供热情服务,将旅游活动继续进行下去。

⑤做好善后工作。

⑥回旅行社后还要写出书面的报告。

在此案例中,导游人员的不足之处在于:当第一次发现旅游车的安全隐患时,未坚持自己的意见,要求更换旅游车,而是听任司机师傅的意见,结果发生交通事故。

相关知识

一、导游讲解过程中的主要讲解方法

1. 概述法

概述法是指导游人员为帮助旅游者更好地了解景点而在参观游览前介绍景点的概括手法,一般在景点示意图前进行。

2. 分段讲解法

分段讲解法是指将一处大的景点分为若干前后衔接的部分,分段讲解的一种方法。一般分为前导的概述讲解、顺次游览讲解等。

3. 突出重点法

突出重点法是指在导游讲解时避免面面俱到,而是突出某一方面的讲解方法。比如,突出大景点中具有代表性的景观,突出景点的特征及与众不同之处,突出游客感兴趣的内容,等等。

4. 虚实结合法

虚实结合法是指在导游讲解中,将典故、传说和景物有机地结合,即编织故事情节的导游讲解方法。

5. 问答法

问答法是一种常用的导游讲解方法,即在导游讲解时,导游人员向游客提出问题或启发他们提出问题的一种导游讲解方法。采用这种方法的目的是活跃气氛,引起游客的联想从而避免导游人员唱独角戏的灌输式讲解,使客、导之间产生思想交流,使游客获得参与感或自我成就感,也可以加深旅游者对所游览景点的印象。问答法包括多种形式:自问自答法、我问客答法和客问我答法。

6. 制造悬念法

制造悬念法是指导游人员在讲解时提出令人感兴趣的话题,但故意引而不发,激发游客想急于知道答案的欲望,使其产生悬念的讲解方法。

7. 类比法

类比法是以熟喻生,从而达到触类旁通的一种导游手法,即以旅游者熟悉的事物与眼前的景物相比较,便于他们理解,收到事半功倍的效果。类比法包括同类相似类比法、同类相异类比法、时代之比等几种形式。

8. 画龙点睛法

画龙点睛法是指用凝练的语句概括所参观游览的景点的独特之处,给游客留下突出印象的一种导游手法。

二、中暑的处理

在发生中暑情况时,导游人员应当掌握必要的救治和处理方法。

(1)迅速将病人移到阴凉、通风、干燥的地方,如走廊、树荫下。

(2)让病人仰卧,解开衣扣,脱去或松开衣服。如衣服被汗水湿透,应更换干衣服,同时开电扇或开空调,以尽快散热。

(3)用冷水毛巾冷敷病人的头部、腋下以及腹股沟等处,或用30%酒精擦身降温,或冷水浸浴15至30分钟。让病人喝一些淡盐水或清凉饮料,尽快使病人的体温降至38℃以下。

(4)意识清醒的病人或经过降温清醒的病人可饮服绿豆汤、淡盐水等解暑。

(5)可服用人丹和藿香正气水。

(6)昏迷者针刺人中、十宣穴或立即送医院。

(7)对于重症中暑病人,要立即拨打120电话,求助医务人员紧急救治。

三、晕车的预防

晕车的预防工作主要包括以下几个方面:

(1)提醒游客不要在乘车前吃得太饱,尽可能提早吃些易消化食物,同时不要吃油腻食品。

(2)有晕车史的游客,应尽量找摇荡不那么厉害的座位,如前两三排座位;眼望前方,听听收音机或做些轻松的事,使精神不致过分集中。

(3)将衣服松开,行车途中注意休息,有机会多呼吸新鲜空气。

(4)如需服用抗晕车(船)的药品,如乘晕宁、苯海拉明片等,最迟应在乘车前30分钟服用,否则是没有功效的。

(5)多和游客聊天、做游戏,或利用车上的多媒体设备播放VCD影片,分散注意力,消除不舒服的感觉。

(6)建议游客回忆美好的时光和高兴的往事建立兴奋灶,以抑制晕动病的症状。

(7)有恶心时,可以将腰带束紧,减少腹腔内脏的振荡,也能使恶心减轻。

(8)上汽车后靠窗坐。争取和其他游客调换一下座位,坐在临窗通风的位置上,窗外微风可以减轻症状;将眼睛闭起来,保持平静和平稳的呼吸,因为车窗一闪而过的物体能加重病态感受。

(9)提醒游客可以准备一些必要的防晕车物品,同时在太阳穴涂些风油精或清凉油,也能使症状减轻。

四、食物中毒的预防和处理

在处理此类事故时,导游人员应做到以下几点:

(1)对于可能发生食物中毒的环节,导游人员必须高度注意,并及时提醒游客注意。

(2) 要反复强调饮食卫生的重要性,提醒游客不要随便吃不经常吃的异地食品,不喝不洁之水,同时要特别注意时令水果、山珍、野味、海鲜等的食品卫生。

(3) 出现集体食物中毒时,不要慌乱,也不要延误时间,应立即拨打120急救电话,切不可向游客随意提供药物。

(4) 如果游客发生食物中毒,应使游客反复多次催吐,直至呕吐物变清为止。

(5) 封存患者所食用的物品或呕吐物,以备查验,分清责任。

(6) 送医院救治,要求医生开具"诊断证明",写明中毒原因。

(7) 若旅游团多人集体中毒,必须立即报告卫生防疫部门,同时报告旅行社管理部门,追究供餐单位的责任。

(8) 对于患病游客,可能会因病放弃某些旅游活动,应注意相应的退费问题(以游客与旅行社签署的旅游合同为据)。

本章小结

地陪导游员要想高质量地完成参观游览服务,一方面要扩充自己对旅游资源的认识与理解,掌握根据实际情况灵活设计安排游览线路的方法;另一方面,要对可能发生的突发事件做好充分的预案准备,并对游客处处做好提醒工作。

思考与练习

请分别为天坛、天安门设计3条参观路线。

实训八
其他服务

> **本章导读**

　　餐饮服务、娱乐服务与参观游览活动相伴随,是接待计划中必不可少的内容,地陪也要做好这些服务工作。

> **学习目标**

1. 了解旅游过程中其他服务的主要内容;
2. 熟悉各项活动的特点及旅游者的需求;
3. 掌握导游人员关于餐饮、购物、娱乐方面的服务;
4. 学会处理游客在餐饮、购物、娱乐过程中的个别要求。

任务1　餐饮服务

── 案例1:导游员带领团队就餐程序(签餐饮结算单) ──

案情

　　北京某旅行社国内部的导游员小李接待了一个来自甘肃的旅游团。该团一行38个人,在北京停留四晚五天。在导游员的带领下,旅游团参观和游览了北京的主要旅游景观。

　　这一天,游客结束在颐和园的参观游览时,时间已经是12:15,于是,导领带领大家集体登车赴餐厅用餐。到达餐厅后,导游员先行下了车,跑在团队的最前面,在门口与迎宾小姐打招呼,告诉她团队的团号、接待旅行社的名称以及人数等信息。迎宾小姐招呼客人,将客人带至用餐的单间就座。这时导游及时地将餐厅内的设施情况向游客作了介绍,包括洗手间的位置等。客人入座,导游员又跑前忙后地张罗尽快上菜和端饭,还亲自为两个桌上端来了茶水。客人的饭菜上齐开始用餐后,导游才急急忙忙跑到司陪用餐处吃了几口饭,之后又出来看游客的用餐情况,询问大家是否吃饱,还有什么需要。

客人用餐完毕后,陆续返回旅游车。导游员急忙到餐厅前台取出旅行社的餐饮结算单,在上面填写好相应的内容,将其中盖有旅行社业务章的一联交给餐厅留存(见下表)。随后带团离开餐厅。

表8-1 旅行社餐饮结算单

No:036779

旅行社名称	北京××旅行社国内部		导游员签字		
团 号	××-GS2005-05-38	团队人数	38	用餐标准	15元/人
客人人数	36大2小	餐费小计		烤鸭	3只×50元
地方陪同	1人	餐费小计	5	涮羊肉	
司 机	1人	餐费小计	5	小吃	
全 陪	1人	餐费小计	5	炸酱面	
领 队		餐费小计		风味	
餐费合计:(36人×15元/人)+(2人×7.5元/人)+(3人×5元/人)+150=720元					

问题

(1)旅行社餐饮结算单的主要内容有哪些?

(2)根据不同团的情况练习填写旅行社餐饮结算单。

提示

地陪导游员应熟悉餐饮服务的业务流程,以及抵达餐厅后的导游工作细节,还应时刻注意游客的动向和需求。

本案例中,导游员在为游客提供餐饮服务的过程中,较为严格地遵照了导游服务规范的要求,并为游客提供了相关的导游服务。从案例中可以看出,导游人员熟练地完成了餐饮服务的各个环节,他的工作得到了游客的认可。

案例2：游客特殊饮食要求的处理

案情

导游员小王接待一个入境旅游团。有天晚上，游客要到北京全聚德和平门烤鸭店吃烤鸭。当天下午，导游员小王带领游客参观完天坛后，驱车前往和平门烤鸭店。一路上，由于游客刚刚参观完天坛，许多游客表现出疲惫的样子，再加上早上在去珐琅厂参观购物时导游员与团队中的一位游客发生了些小的不愉快，所以，当旅游车前往和平门烤鸭店的路上，导游员没有进行沿途的导游讲解，而是一直与司机聊天。

到达和平门烤鸭店后，导游员小王将客人带至就餐的大餐厅。待客人落座后，导游员与餐厅服务人员简单交接后就去司陪餐厅用餐了。用餐过程中，小王也再没有回到游客这里照顾游客。不料，游客用餐过程中出现了问题。团队中有两位游客为素食主义者，在来餐厅之前由于对北京传统风味食品——烤鸭缺乏了解，也没有向导游提出额外的要求。在就餐过程中，由于不适应餐饮，当其他游客用餐时，这两位游客一直在餐厅外边闲坐，饿着肚子没有用餐。

用餐结束后，导游员从司陪餐厅出来，看到两位客人没有用餐，只是简单地询问了一句，也没有采取补救措施，待其他游客用餐完毕后，直接带领游客去天桥看京剧表演了。

事后，旅游团中的游客对导游员小王的服务不满并向旅行社投诉。

问题

（1）导游员应如何对待游客提出的特殊饮食要求？

（2）分析案例中导游员小王工作的失误之处，并分组讨论导游员提供餐饮服务的程序、餐饮服务过程中可能出现的问题，以及各种问题的处理。

（3）以小组为单位利用角色扮演的方式，进行课堂演示案例的处理。

提示

（1）导游员安排餐饮服务的程序如下：

①要提前根据要求订餐。

②落实相关事宜（游客用餐的时间、地点、人数、标准、形式、游客的饮食习惯及特殊要求等）。

③向游客介绍用餐的餐厅及特别的注意事项（酒水问题、加菜问题、时间

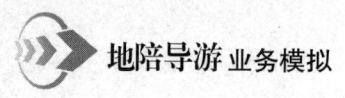

要求、特色饮食的吃法等)。

④引导游客进入餐厅(向引座员介绍情况,把领班或餐厅主管介绍给领队)。

⑤协助安排游客入座,介绍餐厅设施,约定出发时间,告知领队自己的用餐地点。

⑥客人用餐过程中巡视游客用餐情况(介绍菜肴、监督餐厅服务及菜肴质量等)。

⑦与餐厅结清账目,带领游客离开餐厅。

(2)在此案例中,导游员以下几点的做法是不符合导游服务规范的:

①在前往和平门烤鸭店的途中,导游员一直在旅游车上与司机聊天,而没有为游客提供导游讲解。

②对与游客发生的不愉快耿耿于怀。

③用餐过程中,没到游客餐厅照顾游客用餐,导游团队中两位素食主义游客没有吃上饭。

④在出现问题后,没有想办法解决问题,而是不顾游客的实际情况,直接带领团队去观看京剧表演。

总之,从案例描述的情况来看,导游员没有完成自身应做的工作,在客人用餐的过程中没有很好地为游客提供餐饮服务,导致游客没有吃好晚餐。

任务2 特色旅游产品调查

案例:燕京八绝

案情

导游员小童在北京接待了一个来自海南的旅游团,一行17人。按照旅行社的接待计划,导游员小童将在团队在京的第三天带领团队到位于北京南城的百工坊博物馆参观。当天,导游带领游客如期到达了百工坊博物馆,这是北京新成立的一家专题博物馆,主要以展示北京地区传统优良手工艺品为主的主题博物馆。博物馆中有若干间工作室,有100多位各种门类的国家级工艺大师在其中有自己的工作室。导游员小童带领游客进入博物馆,然后逐一地参观和欣赏一些工作室和工艺大师的手工制作。参观中,一位游客问导游小童,北京传统的特色工艺品有哪些?导游员小童略加思考后告诉游客:"北京最具代表性的特色工艺品应首推'燕京八绝',即北京历史上的景泰蓝、玉器、象牙雕刻、雕漆、金漆镶嵌、花丝镶嵌、宫毯、京绣8种特色工艺品。"之后,导游员小童带领游客参观了景泰蓝、金漆镶嵌、雕漆等特色十足的手工艺品工作室,客人为北京传统手工艺品的高超工艺和精美的艺术表现所折服。

问题

(1)调查北京传统工艺产品的情况,并熟悉主要工艺产品的制作工艺。

(2)以小组为单位进行北京主要旅游特产、旅游商品的讲解训练。

提示

在带团过程中,导游员能结合实物为游客进行导游讲解,其内容十分有特色,也使游客能够通过参观等了解北京好的传统工艺产品。导游员的工作是符合导游服务规范的。

导游员要想为游客提供优质的导游服务,需要具备良好的导游素质和丰富的导游知识,需要导游人员不断地开阔自己的视野,丰富自身的文化知识并不断提高自身的综合素质。

导游知识是多方面的,掌握丰富的北京特色商品(产品)知识,可以更好地推销北京,将北京好的传统工艺产品推广到世界各地。

任务3 娱乐服务

案例:游客提出增加观看京剧表演的处理

案情

一个20人的英国旅游团来北京旅游。在北京参观期间,一天领队找到地方导游小张,提出游客要求在计划外观看中国的国粹——京剧。作为该团地方接待导游员的小张,告知领队会尽量为游客作出安排。之后,导游员小张通过电话通知了地方接待社的计调人员,将游客提出的要求向旅行社作了汇报。计调人员在征得旅行社的同意后,由旅行社帮助预订次日前门饭店天桥乐戏苑的京剧表演,但要导游员通知领队,所发生的费用由游客自理;同时,旅行社还要收取额外的导游服务费和车费,请领队帮助将看京剧的费用收齐交给地方导游。随后,小张将旅行社的要求和安排情况告诉了领队,领队表示同意,并对旅行社的安排表示非常满意。

问题

(1)旅游娱乐服务的一般程序是什么?

(2)分析在旅游娱乐活动中可能出现的问题,并应该如何处理。

提示

旅游团的文娱活动也分计划内、计划外两种,一般安排在晚间进行。旅游团计划内的观看文娱演出,导游人员应该陪同前往,引导旅游者入座;自费的文娱活动,地陪要协助购票、安排车辆,费用由游客自理。在文娱活动方面,地陪应注意:避免雷同及格调低下的文娱活动,要为游客介绍娱乐活动的相关情况。

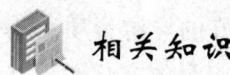

一、燕京八绝

燕京八绝,即景泰蓝、玉器、牙雕、雕漆、金漆镶嵌、花丝镶嵌、宫毯、京绣八大工艺门类。它们充分汲取了各地民间工艺的精华,在清代均开创了中华传统工艺新的高峰,并逐渐形成了"京作"特色的宫廷艺术。

(一)景泰蓝

景泰蓝又称"铜胎掐丝珐琅",是北京著名的传统工艺品。因其在明朝景泰年间(1450—1456)盛行,制作技艺比较成熟,使用的珐琅釉多以蓝色为主,故而得名"景泰蓝"。但这一工艺并非始于明朝景泰年间,其历史渊源可追溯到元朝或更久远的时代。

景泰蓝生产工艺,是一门综合艺术,是美术、工艺、雕刻、镶嵌、冶金、玻璃熔炼等技术知识的结晶。它的制作工艺精细复杂,需要经过十几道工序才能完成,主要有设计、制胎、掐丝、点蓝、烧蓝、磨活、镀金等工艺。

(二)玉器

北京地区生产玉器历史悠久,元代时大都官营手工业已有专门制作玉器的玉工司。据说,元初有道士丘长春(处机)在大都民间传授琢玉技术,这一说法以碑记形式铭刻在白云观玉器业公会善缘碑上,至今,北京琢玉匠师仍以丘长春为祖师。北海公园团城承光殿前石亭中陈列的"渎山大玉海",传为元世祖忽必烈储酒器物,可储酒30余担,是元代北京玉器的一件代表作。

北京玉器讲究量料取材,因材施艺,巧用俏色,素有"工精料实"的美誉。北京玉器生产品种主要有人物、鸟兽、花卉、器皿、首饰、盆花等。北京玉器业曾涌现出不少稀世珍品,如20世纪50年代的白玉《东方巨龙花熏》、翡翠《三秋瓶》、碧玉《西厢记》、珊瑚《广臂佛锁蛟龙》,70年代的玛瑙《五鹅》《龙盘》《虾盘》《蟹盘》等堪称国宝,尤以20世纪80年代末由北京市玉器厂工艺师集体设计琢制的4件翡翠国宝——山子雕《岱岳奇观》、花熏《含香聚瑞》、花篮《群芳览胜》、插屏《四海欢腾》最为有名,它们是用国家珍藏的共重808.6公斤的4块厚料分别琢制的,被定为国家级珍宝永久收藏。

(三)牙雕

中国象牙雕刻历史极其悠久,从考古资料看,在山东大汶口出土的距今5000多年的文物中就有象牙梳子、镂空的象牙筒,它们是目前所能见到的最古老的象牙工艺品。北京牙雕已有2000多年可考查的历史,在北京黄土坡出土的战国墓中就发现过象牙梳子。辽、金、元、明、清历代帝王都把象牙列为皇家贡品,明代的果园厂和清代的造办处都是为皇宫做牙雕制品的。象牙名作《月曼清游》是清乾隆年间(1736—1795)牙雕艺人陈视章、常存、顾彭年、陈观泉、肖汉振等根据画家陈政的画稿,用了几年的工夫雕刻而成的。画稿共12幅,反映了一年12个月里自然景色的变化和宫闱中的嫔妃、宫女们的生活情景。作品以象牙为主,辅之以玉等珍贵石料,构思巧妙,技艺纯熟,人物栩栩如生,呼之欲出,景色斑斓协调,达到了极高的艺术水平。这一时期的作品还有龙舟、楼阁、蟠佛、《西厢记》册页等。

(四)雕漆

漆器的历史悠久,据有关资料记载,早在4000多年前的夏禹时代已见使用,战国时期更加发达。在汉代,漆器被作为日用器具,日渐普遍。唐代的漆器实物制作也有明显的发展。宋、元、明朝之后,漆器的制作有20多种。

北京雕漆和一般的漆器不同。北京雕漆是以雕刻见长。在漆胎上涂几十层到几百层漆,厚15~25毫米,再用刀进行雕刻,故称"雕漆"。在史书上雕漆又可称为"剔红",这是习惯性的称法,因为在古代的雕漆制品中,主要是以红、绿颜色为主。

北京雕漆始于唐代，兴于宋、元，盛于明、清。据我国目前仅存的一部历史漆书，明代名漆工黄成著、杨明作注释的《髹饰录》记载：我国唐代已有"剔红"的制作，刀法快利，古朴可赏。明永乐年间在北京设有果园厂，是当时宫廷制造雕漆工艺品的大型官办手工业作坊。果园厂制作出的工艺品供宫廷使用，生产的数量很大，技艺制作在继承宋、元风格的基础上，又有了新的提高。这一时期的优秀作品在北京故宫、上海和南京博物馆都有珍藏。

清代的雕漆工艺品，大多数是在乾隆和嘉庆年间制作的。繁荣一时的北京雕漆，在乾隆以后却逐渐衰退，到光绪二十二年（1896）已无官营作坊，技艺几乎失传。后由于清宫内需要修理雕漆工艺品，北京的民间雕漆又兴起。《群仙祝寿》大围屏，曾在1914年美国旧金山举办的巴拿马国际博览会上获得一等奖，受到国际友人的好评。从此，北京雕漆扬名国内外，一度又出现繁荣的局面。

雕漆的制作主要有：设计、制胎、光漆、画工、雕刻、烘干、磨光等工序。

（五）金漆镶嵌

北京地区在元代就设有油漆局，属工部领导，配备副使一员掌管髹漆之工。元代开创了软螺钿新工艺，漆器主要品种有雕漆、戗金、螺钿镶嵌等。到了清代，在内务府造办处下设的42作中专门有"漆作"。产品主要有车、小船、轿、仪仗及皇室贵族所用的日用家具、器具和各种装饰摆件。随着战乱不断，漆器业也随之凋零。到20世纪50年代后期，漆器业才陆续恢复，并发展了仿旧断纹、雕填、刻灰产品、立体镶嵌、矫嵌和虎皮漆等工艺技法。漆器业继承和发展了明清宫廷艺术，形成了端庄华贵、古朴典雅的北京风格，主要生产屏风、牌匾、柜橱、桌椅、盒盘、摆件等。在1982年、1986年和1990年举办的第一、二、三届中国工艺美术品百花奖评比中，北京金漆镶嵌厂的屏风类产品连获金杯，并成为出口免检产品。1988年至1989年，北京金漆镶嵌厂设计制作了大型立体镶嵌产品《九龙壁》。该作品长6.65米，宽0.76米，高2.46米，重约2吨，它完美地再现了北海九龙壁之神韵，被评为中国工艺美术品百花奖国家级珍品。北京漆器用料讲究，做工精细：选用上好木材经烘制定型处理制成木胎，然后披麻或裱糊布、纸，刮灰，再施以天然大漆或合成大漆，制成漆胎；具有不变形，不脱落，防潮防腐，耐酸耐碱，经久耐用等特点。北京漆器在造型方面，结构合理，形式多样；在装饰手法上，不同工艺各有千秋。

（六）花丝镶嵌

花丝镶嵌是我国传统的手工艺品，它将金银等贵重金属加工成细丝，以推錾、掐丝、编织等技艺造型，并在金银丝上錾出花纹，再镶嵌上色泽美丽的珠、玉、宝石。在春秋战国时期，就已经有了这类精美的产品，当时只是比较普通的金银工艺品。

花丝镶嵌工艺可分为两大类，即花丝工艺和镶嵌工艺。花丝是在方寸饰片上，用银丝掐制出各种不同的图案。花丝工艺品是用不同型号的金银或铜丝，经过加工制成的。镶嵌则是把珠宝翠钻、精石美玉镶在金银饰品上，再把金银、水晶、白玉和彩琉璃等组合在一起，镶嵌到带钩、壶、樽、灯、车轴等器物上。明代艺人用极细的金丝编织成的《万历皇帝金冠》，高24厘米，冠身薄如轻纱，空隙均匀，金冠上端有龙戏珠图案，造型讲究，堪称一代杰作，其复制品如今陈列在北京定陵的展览室里。

清代，花丝镶嵌业分工更细，逐步走向专业化生产。全行业分为实作、镶嵌、錾作、攒作、烧蓝、点翠、包金、镀作、拔丝、串珠等11个专业。这种手工艺品中国人叫"花丝镶嵌"，外国人称"掐丝珐琅"。

（七）京毯

编织地毯在我国已有2000多年的历史。早在元代时，元大都就已有专为皇宫编织地毯的作坊；到明清时期，则已大为发展。清雍正元年（1723），在北京织染局里有9名毯匠专门为皇帝编织地毯；咸丰年间（1851—1861），大批西藏织毯工匠进京，手工地毯在北京更加兴盛繁荣。

北京手工织毯制作工艺考究，图案丰富多彩，因为过去它曾是皇宫专用的御用品，所以又叫宫毯。北京织毯有地毯、壁毯、卧毯等多个品种，原材料以羊毛、丝线为主，织结坚牢，毯面柔软。北京宫毯以传统图案著称，融中国绘画、刺绣、织锦、建筑装饰艺术于一体，有京式、古纹式、民族式、锦纹式、花鸟式等，图案讲究纹样对称，给人以四平八稳之感，具有浓郁的中华民族文化气息。宫廷艺术挂毯也将中国画与西洋画融为一体，创作出中西合璧的韵味。宫毯以工艺精细、样式美观、图案多彩、色调素雅而驰名世界，被西方人称为"东方艺术的代表"。

宫毯的制作分为设计、编织、片剪和整理四大工序。工艺师设计出织毯的花纹图样后，还要将它按照织毯的尺寸放大，并用不同符号标示出不同颜色的毛线；然后按照图样以经线、纬线交叉的方法将一根根毛线编织成片，由点到线，由线到面，精美的织毯就一点一点地成型了。

（八）京绣

北京手工刺绣被人称为"京绣"。由于历史上京绣主要供奉宫廷帝王侯爵服饰之用,自明清以后风靡一时,国内外誉称为"宫绣"。北京地区丝织业在唐代开始兴旺,辽代时进入高峰,当时的燕京专门设有"绣院"。从辽墓出土的衣物上可看到大都绣有精美的花鸟,尤好绣全枝花、大牡丹花,绣工细腻,花样新颖。

自明朝以后,京绣的针法技艺、用工用料、纹样图式等呈现出的特色日趋鲜明。从宫廷到民间,从城镇到乡村,从事刺绣的人员日趋扩大。清时京绣更为兴旺。光绪年间(1875—1908),京绣更是名扬海内外,京城涌现出几十家绣花庄,在前门外的荷包巷西湖营的绣花街,成了京绣制品的荟萃地。

京绣有着极为鲜明的地方和艺术风格,主要体现在工料的瑰丽豪华,历史上由于其制品主要是为宫廷贵爵所用,所以讲究精选材质,针工细腻,豪华富丽,不惜工本。自元代开始,京绣将金银线用于刺绣,以显示金碧辉煌,贵重珍奇。明黄色调在中国传统文化中表示权势。金线用黄金锤箔、捻线,材质贵重,工艺复杂。把金银线盘成花纹后,用色线绣固在纺织品面上,叫作"盘金",这种绣法在其他地区的绣品中是很少见到的。

京绣在品种规格上多式多样,尤其是有些绣品纹样在其他绣种中是不准许使用的,如龙袍、诏书等。京绣在图案纹样的运用上更讲求丰富的吉祥寓意,绣面丰富充实。绣品上的纹样"图必有意,纹必吉祥",哪怕是一草一花、一鸟一兽、一人一物,都赋予约定俗成的特定含义,处处有着饶有趣味的"口彩"。

▶ 本章小结

地陪导游员在做好参观游览服务的同时,必须顾及游客餐饮、娱乐、购物方面的需求,尽可能地帮助游客满足他们的需求。

▶ 思考与练习

请分析新《旅游法》的出台对地陪导游购物服务的影响。

实训九
送站服务

> **本章导读**

送站服务是接待工作的尾声,也是游客完美旅程的最后环节。地陪导游在此阶段依然要保持一贯的严谨工作作风,完成这一环节的任务。

> **学习目标**

1. 熟练掌握导游人员在送站阶段应做的工作及流程;
2. 掌握票证核实和确认的方法;
3. 能够熟练进行送站沿途导游讲解;
4. 能够熟练带领旅游团队办理登机等手续;
5. 学会处理几种特殊情况的方法。

任务1 机场送站前的准备

—— 案例:最后一天的工作 ——

案情

某广东旅游团于2011年8月10日抵京进行为期5天的北京之旅,下榻燕京饭店。在即将结束五天四晚的旅游行程后,将于第五天(8月14日)17:35乘坐国航CA1309航班返回广州。在旅游团离京的前两天,导游员小冯带领旅游团游览了世纪坛、军事博物馆、中央电视塔等景观。旅游团离京的前一天,小冯带领旅游团游览了北海、恭王府、雍和宫、国子监等景观。在结束前一天

的旅游行程返回酒店的途中,小冯除了进行沿途的导游讲解和回顾当天的旅游行程以外,还对大家作了以下提醒工作:

(1)当天返回酒店后,要将个人的行李物品打包收拾好,有需要托运的行李事先整理好;在整理行李的时候,一定不要把个人的身份证件和贵重物品装在行李包里,要随身携带。

(2)在酒店房间中有应付费物品、服务消费的,如使用了冰箱和吧台上的饮料和食品、开通长途电话、享受送餐服务或其他收费服务项目等,要在当天晚上与酒店前台结账,以免延误离店时间。

(3)与全陪商定后,告知每一位游客最后一天的旅游行程安排,如叫早时间、早餐时间、集合时间和出发时间等。

(4)保存和带好个人身份证件和机票。

(5)告知一些相关的民航物品携带的规定。

旅游团回到酒店后,小冯到前台与酒店约定了第二天早上叫早的时间,同时与酒店行李部门联系,约定了收行李的时间,之后离开。

旅游团离京的当天,小冯按时到达酒店,陪同客人用早餐,之后协助旅游团办理退房手续,将收齐的客人手中的房间钥匙交与前台,等候酒店楼层服务员查完房间,确认没有问题后,带领旅游团集体登车。与此同时,酒店行李部将游客的行李收齐后经三方交接装入旅游车的行李舱。登车后,小冯并没有急于开车出发,而是首先清点人数,确认所有游客都上车后,再次提醒客人检查和回想是否有遗落在酒店中的物品,在得到大家的一致回应后,方示意司机师傅开车,开始当天的行程。

上午参观天坛。按照民航的有关规定,旅游团在16:00之前抵达机场就可以。午餐后,下午没有行程安排,客人提出要求增加旅游项目,小冯在征得所有游客的同意之后,带领旅游团到位于北京东北三环附近的雅秀市场,给大家2个小时的自由活动和购物时间,下车前约定15:00准时集合登车去北京首都国际机场。

问题

(1)在机场送站准备阶段,地陪导游人员的导游服务工作流程有哪些?具体的工作职责是什么?

(2)导游人员应如何进行旅游团机票的确认工作?

(3)旅游团队离京的前一天,导游人员应做哪些离店前的准备工作?

(4)在旅游团办理退房手续的过程中,导游人员应做哪些工作?

提示

送别是接待工作的尾声。如果说迎接时给游客的第一印象是重要的,那么,送别给游客留下的最后印象则是深刻的、持久的。因此,不管此前的旅行活动顺利与否,导游人员都要做到善始善终,防止虎头蛇尾。特别强调的是,送别时琐碎的事情很多,来不及半点马虎,否则便会出大问题。

任务2　机场送站

——案例:机场送行——

案情

15:00 游客准时在车上集合,导游员小冯为旅游团进行了最后阶段的服务,包括沿途的导游、分发和请游客签署意见卡、致欢送辞等。

旅游车抵达机场后,导游员指引司机将旅游车开至2号航站楼。旅游车停稳后,小冯先下车,在旅游车行李舱边协助游客拿自己的行李。之后,小冯带领旅游团到中国国际航空公司的业务办理柜台办理集体登机手续。北京首都国际机场的旅客出发是在航站楼的二层楼,小冯带游客进入2号航站楼的送站大厅。在业务办理大厅的门口上方有一块醒目的时刻提示牌,根据上面的提示,导游员带领大家来到H区。小冯让大家在一旁休息等候,他和全陪携带着客人的机票、身份证件到国航柜台办理登机手续,同时将需要托运的行李交由民航办理托运。办好登机手续后,他们回到游客休息的地方,由全陪向游客分发机票、登机牌、个人身份证件等物品,行李牌由全陪统一保管。

待一切均办理完成后,小冯提醒大家要持机票、身份证件和登机牌进行安检,游客依次进入安全检查区域,这时小冯与大家挥手告别。等所有游客均通过安检进入飞机候机厅后,小冯方才转身离开。

问题

(1)导游人员在送行途中应做哪些工作?

(2)在机场送行过程中,导游员应做哪些具体工作?

提示

导游员要熟悉北京首都国际机场的情况,包括1号、2号及3号航站楼旅客出发(包括国际出发和国内出发)的具体位置、办理登机手续的位置和程序,以及需要的证件材料、安检的位置、候机厅的位置、机场相关设施情况和民航要求等。

本案例设计的实训内容为送行阶段的服务。送别时,导游应注意衣着比平时要更庄重些,表情要有惜别之情,不可嘻嘻哈哈的。

任务3　特殊情况的处理

案例1:导游员对恶劣天气造成延误的应对

案情

2004年8月,某旅游团在京参加常规四晚五天的旅游。旅游团在京期间,北京地区的天气持续高温,并连降暴雨。送团的当天,从早上就开始降暴雨,持续时间达2个小时以上。当导游带领旅游团离开酒店前往机场时,依然下着瓢泼大雨。

旅游车出发时距离飞机起飞还有3个小时,在正常情况下大概半小时即可到达机场,因下雨,导游员考虑到天气和道路交通的特殊情况,提前了近1个小时出发。

一路上,由于降雨,车开得非常慢。当旅游车驶上机场高速路时,车辆也很多,而且行驶速度也不快。一路上,导游员有意识地和游客攀谈着,想通过讲解、叙谈缓解游客的不安。当旅游车走到机场高速路天竺桥时,突然停了下来,这时全车的人都发现,旅游车前排着长长的车队,所有的车都静静地停着,而车外的雨还在不停地下着。等了好一会还不见动静,车上的游客和导游、司机开始有点紧张了,因为前面没有一丝活动的迹象。迫不得已,导游员打着伞下车到前方打探,不久返回,告诉大家由于前面的立交桥下严重积水,所有车辆都不能通过,只得在此等候积水的退去。往旅游车的后边看,长长的车队已经堵死了退路。时间一分一秒地过去,眼看着1个小时的时间很快就过去了。导游员和游客也越来越紧张,因为距离停止办理登机手续的时间越来越近了,大家都想到了一个后果——延误航班。又等候1个多小时,堵塞的车辆才缓慢地走动起来。在经过积水立交桥时,人们看到有3台抽水机被抽调过来紧急排水,立交桥下还有一辆熄火的小轿车停在积水中,可此时大家关注的已经不是立交桥的积水和熄火的小汽车了。

问题

(1)请描述北京的四季特点。

(2)对于送站过程中发生天气灾害,导游如何处理?

提示

作为地方陪同导游人员,必须掌握北京的气候特点:春季短暂多风沙,夏季炎热多雨(尤其多雷阵雨),秋季秋高气爽,冬季漫长、寒冷而干燥。

交通情况的好与坏直接影响旅游计划的实施。因此,地方导游陪同人员要十分熟悉北京的道路交通状况,对于易发生拥堵路段事先要有预防和警示。

在本案例中,导游员对北京地区的气候特点和道路状况比较了解,在送团前作了充分的准备和预防工作,如提前3个小时从酒店出发前往机场。如在平时,旅游车会提前2个小时以上抵达机场,完全有充分的时间供游客办理登机手续和等候起飞。按照机场的要求,国内航班游客提前一个半小时到达机场,飞机起飞前半小时停止办理登机手续。

案例2:误机的处理

案情

旅游车通过堵点后以最快的速度到达了机场2号航站楼。导游看了一下手表,距离飞机起飞只剩下10分钟的时间了。抱着最后的一线希望,导游跑到航空公司的登机办理柜台,将路上出现的种种情况向服务人员进行说明,并出示了旅游团的机票和旅游者的身份证件,希望航空公司能给予办理登机手续。但是为时已晚,航空公司已经停办登机手续,飞机也将在几分钟后起飞。

导游员看到这种情况后,拨通了旅行社计调部门的电话,将所发生的情况向旅行社作了汇报。根据旅行社有关部门的指示,导游员持旅游团的机票和游客的身份证件连忙来到航空公司设在机场的服务柜台,询问有没有临近的航班。经查询,3小时以后将有同一家航空公司的飞机飞往同一个城市,导游员及时地办了改签手续。之后,返回到候机大厅,将情况向旅游团的全体游客

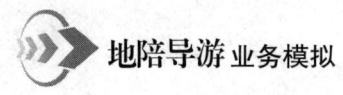

作了说明。看到导游员来回地奔波,游客都非常理解导游员的工作,对误机的处理表示非常满意。

问题

(1)由于天气原因造成航班延误时应如何应对?

(2)在航班延误后,应如何稳定客人的情绪?

提示

1. 导游员应善于处理问题

导游员要有十足的敬业精神,要敢于面对问题,善于处理问题。在此案例中,导游员在以下几个方面做得非常到位:

(1)送团前,考虑到天气和路面交通的问题,留出了充足的时间前往机场。

(2)发现道路上车行缓慢时,能够及时地与客人沟通,缓解游客的紧张心理。

(3)出现路面积水、造成交通堵塞时,能积极察看原因,并积极想办法。

(4)因天气原因(或称不可抗力因素)造成误机事故的发生,导游员及时地向旅行社进行汇报,并按照旅行社有关部门的指示,及时地为游客改签机票,使损失降到最低。

2. 误机事故的处理原则和处理方法

(1)立即报告接待旅行社

当发生误机情况时,地陪应立即报告接待社;在得到接待社指示或同意后,立即与各方联系,争取旅游团乘下一班航班或改乘其他交通工具前往下一站;如旅游团当天走不了,就要解决滞留期间的食宿和交通车辆以及交通票证等事宜;及时通知下一站接待社。

(2)承担责任

事故责任者应该诚恳地向旅游者赔礼道歉,提供热情周到的服务。旅行社领导应该出面向旅游者道歉并予以安慰。

(3)处理善后事宜

旅游团因导游方面的原因延误离站,费用由当地接待社承担;对旅游者的经济补偿经双方协商处理,事故责任人的赔偿金额由旅行社决定。问题严重者,由旅游行政管理部门吊销其导游证。

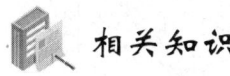 **相关知识**

一、导游员送团前的准备工作

导游员送团前一般要准备的几项工作如下：

1. 核实、确认交通票证

其中，机票确认的工作程序有：

（1）从全陪或客人手中将飞机票收集起来，同时将客人的相关信息（包括旅游者姓名名单、身份证号码等）收集起来。

（2）带着机票、旅游者信息到相应的航空公司柜台。

（3）向航空公司柜台服务人员出示机票及旅游者相关信息。

（4）由航空公司服务人员通过联网系统对每一位游客的乘机信息予以确认。

（5）完成机票的确认工作，将机票和旅游者信息资料交还给旅游团全陪或客人。

2. 商定旅游团最后一日的活动安排

导游与全陪应提前商定旅行团最后一日的活动安排，确定叫早时间和早餐时间；然后，与酒店前台约定最后一日的叫早时间、早餐时间和离店时间，并及时将最后一日的活动安排、叫早时间、早餐时间和地点通知旅游者。

3. 与酒店行李部门约定最后一日行李的收取时间

在确定出行李的时间后，也应及早通知旅游者。向旅游者讲清托运行李的有关规定和注意事项：提醒旅游者不要将护照、身份证件及贵重物品放在托运行李内；讲明托运的行李必须包装完善、锁扣完好、捆扎牢固并能承受一定的压力，同时，告知旅游者机场禁止托运的行李物品等；特别提醒游客，要将水果刀、指甲刀等小型刀具放到托运行李箱中，以避免不必要的麻烦。

4. 商定出发时间

导游应与全陪商定出发时间，并告知旅行者，让他们做好准备。

5. 协助饭店与旅游者结清账目

导游人员在确定旅游团的离店时间后，应提醒酒店有关部门提前与旅游者结清账目。旅游者在酒店中可能发生的自费或应由旅游者自行结清的账目项目有：

- 酒店房间中的长途电话费；
- 酒店房间中的饮食：如冰箱中的饮料、吧台上的酒、房间中的小吃等；
- 酒店房间洗手间中的自费洗浴用品；
- 酒店为游客提供的送餐服务；
- 游客在酒店中的餐饮消费；
- 游客在酒店中的娱乐消费；
- 游客在酒店中的康体消费；
- 若游客损坏了酒店的设施，需要按照酒店的规定进行赔偿，等等。

6. 归还证件

地陪一般不保管旅游者的证件，但要在旅游团离站前一天检查自己的物品，若万一保留有旅游者的证件（原件）、票证，应立即归还并当面点清。

二、导游员的离店服务

1. 清点和交接行李

酒店行李部门按照事先的约定时间到游客住的各个房间收取行李，并集中码放。出发前，由游客确认自己的行李物品后，再由全陪、地陪和酒店行李部门的行李员对行李进行清点和交接，并将行李放入旅游车的行李舱。

2. 退房

办理离店手续，将房间钥匙交回饭店前台。

3. 集合登车

在办理完退房手续、酒店查房完毕放行后，导游人员带领旅游团的所有游客集体登车。上车后，导游人员最后提醒游客带好旅行证件和随身物品，询问游客是否结清与酒店的各种个人账目，是否带好护照、身份证件、手机、首饰、钱包、眼镜、手表、假牙等。

4. 带领旅行团乘车离店

三、送行阶段的导游工作

1. 清点人数

离开饭店开车前，游客已经归心似箭了，忙中容易出差错。所以，导游员要提醒客人有没有东西忘在房间，请全团检查各自的物品。上车时，一定认真清点人数；待全团游客到齐，并得到团长的确认后，方可开车。

2. 征求意见和建议

地方陪同导游人员可以在送行的旅游车上诚恳地征求旅游者对旅行社安排的游程的意见和建议;将旅游服务质量评价意见卡发给游客,请他们填写并如数收回;之后交旅行社有关部门。

3. 陪同旅游团提前到达机场

4. 进行最后一次沿途导游讲解,加深游客对旅游地的印象

5. 临近机场时,致欢送辞

6. 熟悉机场环境,向游客介绍首都机场设施情况,协助办理登机手续

(1)移交票证。到达机场后,地陪要和行李员一起,一一清点、核实交通票证、行李托运单或行李卡数量、到达地点等,然后将它们交给全陪(无全陪则交给领队),并请其当面点清。

(2)协助办理海关手续和乘机登机手续。

(3)待一切手续都办好后,主动与客人握手告别。

(4)等待飞机起飞后离开机场。

7. 与司机结账。

送走旅游团后,地陪应与旅游车司机结账。在用车记录单上签字并保留好单据,与司机结账。

四、中国海关出入境常识

(一)入境要交验的证件

外国人入境持有效的护照、证件并办妥我国入境签证;中国人凭有效护照、证件入境。外国人入境时,须将填写好的入境登记卡连同护照、证件、签证,一并交边防检查站检查。

(二)出境要交验的证件

外国人出境时,须向边防检查站交验其有效护照、证件和出境登记卡,并在有效入境签证规定的期限内出境;

中国人出境须向边防检查站交验有效的护照证件、前往国签证及有关部门签发的出国证明。另准备好"国际预防接种书"。

(三)有关签证的基础知识

1. 什么是签证

签证是主权国家准许外国公民或本国公民出入境或经过国境的一种许可

证明,即在出国旅行者的护照上或者在其他有效的旅行证件上盖印签注的手续,表示准许其出入或经过该国国境。

公民如果想出国旅行、移居或者留学、结婚等,除了需要持有效护照以外,还必须持有相应的签证。护照是持有者的国籍和身份证明,签证则是主权国家准许外国公民或者本国公民出入境或者经过国境的许可证明。签证一般都签注在护照上,也有的签注在代替护照的其他旅行证件上,有的还颁发另纸签证。如美国的移民签证即是一种申请表,新加坡对外国人也发一种另纸签证,但必须与护照同时使用,方能发生效力。对外国人,一般均是根据申请者的身份和入境目的发给不同的入境签证,如旅游、探亲、移民、留学、工作等签证,并限制入境后的居留时间。因签证种类不同,要求提供的有关材料也不一样。一般对以短期居留为目的的签证,申请限制较少,等待批准的时间也较短。对以谋职和长期居留为目的的签证,申请则限制较多,待批的时间也较长,这已成为各国的普遍做法。一个国家没有允许外国人无条件入境的义务(有条约者除外),一个外国人也没有要求一国政府允许他入境的权利。外国人入境是有条件限制的。近年来,随着国际贸易、国际政治关系的发展,以及旅游业的兴旺,许多国家的签证规定趋于简化。各国之间也有互免签证或简化签证手续的协议。

2. 申请签证所需的证件资料

出国团组或个人向外国驻华使领事馆申办签证时,必须备齐以下一切必要的证件、资料、表格、照片和签证费用等:

- 有效的护照;
- 国外邀请函电;
- 申请人的照片(照片应与护照上的一致);
- 外国签证申请表格;
- 因公务出国,由省、市、自治区外事办或中央部委外事局备妥致前往国家驻华使领馆的照会或函件;
- 签证费。

各国驻华使馆对申请签证所持邀请电函的要求不尽相同,但大体有以下几点:

(1)邀请函电必须是前往国本土发来的,有邀请人亲笔签署的信函原件。邀请信上要注明邀请人的地址、电话。

(2)邀请函电上必须注明团组人数、成员姓名、访问目的(访问目的要详细)、停留期限(停留期限是写某年某月某日到达、到达后停留多长时间,或写从某年某月某日到某年某月某日出境）、出访费用由何方负担。

（3）邀请函电不得做任何改动，即使是邀请人本人对其内容进行修改也应重新发出邀请函，不得涂改后复印，否则会引起外国使领馆的误解，甚至会影响到签证人单位的信誉。

有些国家对入国签证有特殊要求，须按要求准备好相关的材料。

另外，外国使领馆对送交申请签证的护照有如下要求：

（1）护照必须有效。送交外国驻华使领馆的护照有效期必须在6个月以上；如有效期不足6个月，外国驻华使馆将不予签证。

（2）持照人必须在护照上签名。

（四）部分限制进出境物品的有关规定

1. 进入香港的旅客限带烟草产品的新规定

根据香港海关发布的《2010年应课税品（豁免数量）（修订）公告》，自2010年8月1日起，年满18岁的入港旅客，只可携带不超过下列数量的烟草产品进入香港，供其本人自用：

19支香烟；或1支雪茄，如多于1支雪茄，则总重量不超过25克；或25克其他制成烟草。

入港旅客如携带超过以上豁免数量的烟草产品进入香港，应使用红色通道向海关人员申报；如携带超过豁免数量的烟草产品而未向海关人员申报，或作出虚假或不完整的申报，即属违法，可处以罚款或监禁。

2. 旅行自用物品

非居民旅客及持有前往国家或地区再入境签证的居民旅客，携进旅行自用物品限照相机、便携式收录音机、小型摄影机、手提式摄录机、手提式文字处理机每种一件。超出范围的，需向海关如实申报，并办理有关手续。经海关放行的旅行自用物品，旅客应在回程时复带出境。

3. 金、银及其制品

旅客携带金、银及其制品进境应以自用合理数量为限，其中超过500克的，应填写申报单证，向海关申报；复带出境时，海关凭本次进境申报的数量核放。

携带或托运出境在中国境内购买的金、银及其制品（包括镶嵌饰品、器皿等新工艺品），海关验凭中国人民银行制发的"特种发票"放行。

4. 外汇

出境人员可以携带外币现钞、旅行支票、信用卡等出境。入境人员携带5000

美元以上或等值的其他外币现钞入境的,需向海关如实申报;复带出境时,海关验凭本次进境申报的数额核放。携带外币现钞在等值5000美元至1万美元(含1万美元)出境的,海关验凭国家外汇管理局制发的"外汇携带证"查验放行。

5. 人民币

旅客携带人民币进出境,限额为2万元。

6. 文物(含已故现代著名书画家的作品):

旅客携带文物进境,如需复带出境,请向海关详细报明。旅客携运出境的文物,须经中国文化行政管理部门鉴定。

携运文物出境时,必须向海关详细申报。对在境内商店购买的文物,海关凭中国文化行政管理部门的鉴定标志及文物外销发货票查验放行;对在境内通过其他途径得到的文物,海关凭中国文化行政管理部门的鉴定标志及开具的许可出口证明查验放行。

未经鉴定的文物,不得携带出境。携带文物出境不据实向海关申报的,海关将依法处理。

7. 中药材、中成药

旅客携带中药材、中成药出境,前往国外的,总价值人民币限额为300元;前往港澳地区的,总价值人民币限额150元。

进境旅客出境时携带用外汇购买的、数量合理的自用中药材、中成药,海关凭有关发货票和外汇兑换水单放行。麝香以及超出上述规定限值的中药材、中成药不准出境。

五、行李运输须知

1. 随身携带行李须知

(1)国内航班:随身携带物品的重量,每位旅客以5公斤为限。持头等舱客票的旅客,每人可随身携带两件行李;持公务舱和经济舱客票的旅客,每人可随身携带一件行李。每件行李体积不超过20厘米×40厘米×55厘米。

(2)国际航班:通常情况下,每件行李体积不超过20厘米×40厘米×55厘米,手提行李总重量不超过7公斤。(但各航空公司有特殊重量限制规定,请旅客留意机票上的提示,或向航空公司咨询。)

2. 免费托运行李额

(1)乘坐国内航线:持成人或儿童客票的经济舱旅客为20公斤,公务舱旅客为30公斤,头等舱旅客为40公斤。持婴儿票的旅客,无免费行李额。

(2)乘坐国际航线:经济舱旅客的免费托运行李限额为20公斤,经济舱持学生护照的旅客,可以免费托运的行李限额为30公斤;公务舱免费托运行李限额为30公斤;头等舱免费托运行李限额为40公斤。但当目的地为美洲时,其托运行李可以为两件,每件不超过23公斤,单件行李三边长度和不超过158厘米;当超过时,旅客需要支付逾重行李费。(部分航空公司有特殊重量限制规定,请旅客留意机票上的提示,或向航空公司咨询。)

3.逾重行李费收费标准

旅客对逾重行李应付逾重行李费,国内航班逾重行李费率以每公斤按经济舱票价的1.5%计算,金额以元为单位。各航空公司国际航班逾重行李费率和计算方法各不相同,旅客须按各航空公司规定办理。

六、有关中国民用航空局的安全检查须知

1.关于禁止随身携带及禁止托运的物品的有关规定

中国民用航空局规定,在中国境内乘坐民航班机禁止随身携带或托运以下物品:

- 枪支、军用或警用械具(含主要零部件)及其仿制品;
- 爆炸物品,如弹药、烟火制品、爆破器材等及其仿制品;
- 管制刀具;
- 易燃、易爆物品,如火柴、打火机(气)、酒精、油漆、汽油、煤油、苯、松香油、烟饼等;
- 腐蚀性物品,如盐酸、硫酸、硝酸、有液蓄电池等;
- 毒害品,如氰化物、剧毒农药等;
- 放射性物品,如放射性同位素等;
- 其他危害飞行安全的物品,如有强烈刺激气味的物品、可能干扰机上仪表正常工作的强磁化物等。

2.关于禁止随身携带但可托运的物品的有关规定

中国民用航空局规定,在中国境内乘坐民航班机禁止随身携带以下物品,但可放在托运行李中托运。禁止乘机旅客随身携带但可作为行李托运的物品包括:

- 菜刀、水果刀、大剪刀、剃刀等生活用刀;
- 手术刀、屠宰刀、雕刻刀等专业刀具;

● 文艺单位表演用的刀、矛、剑；

● 带有加重或有尖钉的手杖、铁头登山杖、棒球棍等体育用品；

● 斧、凿、锤、锥、扳手等工具和其他可以用于危害航空器或他人人身安全的锐器、钝器；

● 超出可以随身携带的种类或总量限制的液态物品。

3. 中国民用航空局关于液态物品携带的有关规定

（1）乘坐国际及地区航班

①乘坐从中国境内机场始发的国际、地区航班的旅客，其携带的液态物品每件容积不得超过100毫升（ml）。容器容积超过100毫升，即使该容器未装满液体，亦不允许随身携带，需办理交运。盛放液态物品的容器，应置于最大容积不超过1升（L）的、可重新封口的透明塑料袋中。每名旅客每次仅允许携带一个透明塑料袋，超出部分应交运。

②盛装液态物品的透明塑料袋应单独接受安全检查。

③在候机楼免税店或机上购买的液态物品，应盛放在封口的透明塑料袋中，且不得自行拆封。旅客应保留购物凭证以备查验。

④有婴儿随行的旅客携带液态乳制品，糖尿病或其他疾病患者携带必需的液态药品，经安全检查确认无疑后，可适量携带。

（2）乘坐国内航班

①乘坐国内航班的旅客一律禁止随身携带液态物品，但可办理交运，其包装应符合民航运输有关规定。

②旅客携带少量旅行自用的化妆品，每种化妆品限带一件，其容器容积不得超过100毫升，并应置于独立袋内，接受开瓶检查。

③来自境外需在中国境内机场过站或中转乘国内航班的旅客，其携带入境的免税液态物品应置于袋体完好无损且封口的透明塑料袋内，并须出示购物凭证，经安全检查确认无疑后方可携带。

④有婴儿随行的旅客，购票时可向航空公司申请，由航空公司在机上免费提供液态乳制品；糖尿病患者或其他患者携带必需的液态物品，经安全检查确认无疑后，交由机组保管。

4. 关于打火机、火柴的有关规定

中国民用航空局规定：禁止旅客随身携带打火机、火柴乘坐民航班机（含国际/地区航班、国内航班），也不可以放在托运行李中托运。

5. 旅客携带锂电池(含充电宝)的乘机提示

①小型锂电池(额定能量小于100Wh),做好绝缘措施,即可随身携带。

②中型锂电池额定能量在100Wh到160Wh之间,做好绝缘措施,并经航空公司批准;此种规格的备用电池每人最多随身携带2块。

③大型锂电池(额定能量在160Wh以上),禁止携带、禁止托运。

④移动电源(充电宝)视为备用锂电池,乘机时只能随身携带。对于100Wh~160Wh移动电源,经承运人批准后方可携带,且在飞行途中禁止使用;对于有启动开关的移动电源,在飞行途中应确保其始终在关闭状态。超过160Wh的移动电源禁止随身携带或托运。

6. 关于酒精饮料携带标准的提示

根据国际民航组织9284号文件及《旅客和机组携带危险品的航空运输规范(MH/T 1030—2010)》的要求,关于酒精饮料携带标准规范如下:

(1)旅客不应随身携带酒精饮料乘机,但可将酒精饮料作为托运行李交运,其包装应符合民航局的有关规定。

(2)酒精饮料作为托运行李交运时,其数量应符合下列规定:

- 酒精体积百分含量小于或等于24%的,不受限制;
- 酒精体积百分含量在24%~70%(含70%)之间的,每人交运净数量不超过5升;
- 酒精体积百分含量大于70%的,不应作为行李交运。

七、北京首都机场乘机时间须知

表9-1 北京首都机场办理乘机手续时间

航班性质	航站楼	开放时间	关闭时间
国内航班	1号航站楼	不晚于飞机起飞前90分钟	飞机起飞前30分钟
	2号航站楼	不晚于飞机起飞前90分钟	飞机起飞前30~45分钟
	3号航站楼	飞机起飞前2小时	飞机起飞前30分钟
国际航班	2号航站楼	不晚于飞机起飞前150分钟	飞机起飞前40~60分钟
	3号航站楼	飞机起飞前3~4小时	飞机起飞前60分钟

表9-2 北京首都机场登机口登机时间

航班性质	航站楼	开放时间	关闭时间
国内航班	1号航站楼	飞机起飞前30分钟	飞机起飞前10分钟
	2号航站楼	飞机起飞前30分钟	飞机起飞前10分钟
	3号航站楼	飞机起飞前30分钟	飞机起飞前10分钟
国际航班	2号航站楼	飞机起飞前40~60分钟	飞机起飞前10~20分钟
	3号航站楼	飞机起飞前30~45分钟	飞机起飞前10分钟

▶本章小结

在送站服务的过程中,地陪导游员一定要多次提醒游客检查随身物品,避免有遗落的情况发生。地陪必须了解火车、飞机等交通工具对于乘客行李的要求,并告知游客相关规定,以免引起不必要的麻烦。

▶思考与练习

请分析送站时若遇到火车晚点,地陪导游员应如何处理。

实训十
后续工作

▶本章导读

送走游客后,地陪导游员的工作还没有结束,还要回到旅行社与计调进行后续工作的处理。

▶学习目标

1. 学会填写导游带团日志;
2. 学会分析带团过程中出现的各种问题,并能够独立处理;
3. 了解导游带团日志的内容,并在填写的过程中突出主要内容。

任务 填写地陪带团日志

━━ 案例:带团日志 ━━

案情

表 10-1 行程安排表

导游员姓名	刘××	性别	女	导游证号	D-1100-×××68
旅游者(团)名称	BQL-FJB05-08-10			等级	标准团
缴费标准		住宿标准	华都饭店(三星)	餐标	15元/人/餐
线 路	北京四晚五天标准行程				

续表

日　志	8月10日上午:9:50首都机场接团,入住饭店,午餐 　　　　下午:北海、景山、王府井商业街、东华门夜市 8月11日上午:天安门广场、毛主席纪念堂、故宫 　　　　下午:恭王府(自理)、三轮胡同游 　　　　晚上:杂技表演 8月12日上午:亚运村外景、同仁堂、居庸关长城 　　　　下午:定陵、十三陵长陵 8月13日上午:军事博物馆、中华世纪坛、中央电视塔 　　　　下午:颐和园、圆明园 8月14日上午:天坛、珐琅厂 　　　　下午:14:20首都机场送团
说　明	本日志应将游客意见、餐饮、住宿、交通、服务、游览景点等方面有关内容予以记载。

北京市旅游局质量监督管理所印制

表10－2　导游带团日志

8月10日	上午9:50首都机场接团,入住饭店,午餐 下午:北海、景山、王府井商业街、东华门夜市 问题:天气炎热,游客在北海、景山中的停留时间较短
8月11日	上午:天安门广场、毛主席纪念堂、故宫 下午:恭王府(自理)、三轮胡同游 晚上:杂技表演 问题:因在天安门广场耽误时间较长,故宫参观的时间相对较短,部分游客有意见,感觉没有尽兴
8月12日	上午:亚运村外景、同仁堂、居庸关长城 下午:定陵、十三陵长陵 问题:对中餐有意见,认为菜品质量差,卫生不好
8月13日	上午:军事博物馆、中华世纪坛、中央电视塔 下午:颐和园、圆明园 问题:一游客提出退还昨天买的商品
8月14日	上午:天坛、珐琅厂 下午:14:20首都机场送团 问题:

续表

月　日		
月　日		
特别说明	用　　餐:9正4早,餐标15元/人/餐 景点签单:长城、长陵、世纪坛	购物签单:4张 照相签单:1张(天安门)
备注	1.导游上团时,将本表发给团队、全陪和部分团员(散客人手一份) 2.团队运行过程中,任何人无权变更本计划。如确因旅行社以外的原因须变更运行计划,须征得领队和三分之二以上游客的书面同意	游客签字: 盖章 　　年　月　日
北京市旅游监督管理投诉电话:		旅行社负责人签字: 盖章 　　年　月　日

北京市旅游局质量监督管理所印制

问题

(1)编制一份北京四晚五天的标准团行程。

(2)按照导游员带团日志的格式和旅游团行程内容填写一份导游员带团日志。

提示

导游员应熟悉旅游行程计划的全过程,掌握导游服务程序,对带团过程有全面的了解,能够根据团队的具体情况适当合理地调整行程计划,并能够独立处理好团队旅游过程中出现的各种问题,对带团日志的框架内容有全面的了解。

相关知识

一、导游带团日志

导游带团日志的具体格式可参见本实训中的案例。

填写导游带团日志,主要有以下几个内容需要重点注意:

1. 导游员个人资料(包括姓名、性别、导游证号等)

导游人员在带团时,应佩戴导游证,带齐相关的旅游证件,并携带旅行社标志(旅行社标牌、旗子等)。

2. 旅游团队团号

旅游团的团号由旅行社根据团队的相关情况而编排,无固定模式,各旅行社自行编排。本案例中的团号 BQL-FJB05-08-10,表示北京青年旅行社接待了一个福建来京的标准团队,接团时间从 2005 年 8 月 10 日开始,其中 BQL 是北京青年旅行社的汉语拼音缩写;FJB 代表该团队来自福建,为标准等旅游团;05-08-10 则表示接团的时间为 2005 年 8 月 10 日。

3. 旅游团等级(豪华、标准、经济、自助、散客等)

旅游团的等级一般分为豪华、标准、经济等几类,豪华等一般住宿四星或五星级酒店,标准等一般住宿二至三星级酒店,经济等一般住宿一星级酒店或招待所、旅馆等。

4. 缴费标准

旅游团的缴费标准主要是指游客向旅行社交纳的旅游费用的方式,包括包价、半包价、自选项目等几种方式:

(1) 包价旅游:指采取一次性预付旅费的方式,有组织地按照预定的行程计划进行的旅游形式。

(2) 小包价旅游:指旅游者向旅游企业交纳的旅费中包括非选择部分和可选择部分。非选择部分包括住房、早餐、机场(车站)至饭店的接送和城市间的交通,其费用由旅游者在旅游之前付清;可选择部分,包括导游服务,午、晚餐,参观游览,文艺节目,品尝风味等,费用可预付也可现付。

(3) 单项服务包括导游服务、交通集散地接送服务、代办交通票据和文娱票据、代订饭店客房、代办签证、代售旅游保险等。

5. 住宿标准(星级标准宾馆或旅馆、招待所等)

住宿标准必须标明住宿饭店的等级,不允许出现"同××等级星级标准"的字眼。

6. 用餐标准(元／人／餐)

早餐一般在下榻的饭店食用；午、晚餐一般根据旅游行程的安排，在酒店以外地区食用。在导游员与餐厅结算时，必须根据旅行社确定的餐费标准与餐厅进行结算，禁止克扣餐标。

7. 线路行程计划

旅游团的计划行程由旅行社计划调度部门的相关人员编制。导游人员拿到计划行程后，应严格按照旅游计划执行，不允许擅自增减规定参观景观，如遇有编排不合理的旅游行程可适当予以调整，但要通知旅行社计调人员。

二、旅客意见反馈单样本

女士们、先生们：

您好！北京×××旅行社有限公司热忱欢迎各位来京旅游。为了促进我们的工作，使每一位游客能够在旅游过程中享受到更好的服务，烦请各位对我们的接待工作多提出宝贵意见。关于接待质量问题如在北京未提出异议，我社则按无投诉处理。

感谢您对我们工作的支持。祝您旅途愉快！

质量监督电话	010－5166××××		市旅游局投诉电话		010－65130828	
团号			组团社		导游	
分类	项目/标准	优秀	良好	好	一般	差
导游情况	导游服务态度					
日程情况	活动安排					
饭店情况	客房环境					
	宾馆早餐					
车队情况	车容车况					
	司机服务					
餐点情况	餐厅环境					
	您认为最好的餐厅					
	您认为最差的餐厅					

以下为景点游览时间规定及增加景点收费标准,请导游严格执行并供各位参考:

自费景点

恭王府	1.5小时	60元	富国海底世界	1.5小时	80元
大观园	1小时	60元	电影城	1.5小时	65元
明皇蜡像宫	1.5小时	45元	世界公园	2小时	80元
卢沟桥	1小时	40元	中华民族园	2小时	60元
动物园	1小时	30元	圆明园	1小时	60元
野生动物园	1.5小时	100元	西单购物	2小时	30元

无特殊情况,导游无权缩短任何景点的游览时间,自费景点需每位客人的签名同意书,并且在增加的自费景点后面画钩(√)。

客人意见及建议:_____
_____
_____

客人签名:　　　　　客人联系电话:　　　　　全陪签名:

　　　　　　　　　　　　　　　　　　　　　年　月　日
　　　　　　　　　　　　　　　　　　　　　北京×××旅行社

组团人:　　　　　　计调:　　　　　　　　旅行社联系电话:

三、旅游服务质量评价意见卡样本

旅游团团号:_____　抵京日期:_____　离京日期:_____

项目	评价	很满意	满意	一般	不满意
餐饮	餐饮服务				
	餐饮质量				
	环境卫生				

续表

项 目	评 价	很满意	满 意	一 般	不满意
住宿	宾馆服务				
	设施设备				
	环境卫生				
游览	环境秩序				
	环境卫生				
行车	司机服务				
	车况				
	车上卫生				
购物	商店服务				
	商店管理				
	商品质量				
导游	导游服务				
	导游讲解				
	导游态度				

全陪签名：_____　　游客代表签名：_____

联系方式：_____　　联系方式：_____

填卡说明：

（1）请您准确填写旅游团团号和在京日期；

（2）请您在所列项目中你同意的评价等级栏内打"√"的标记；

（3）请您将填好的卡片交还给地方陪同导游人员。

▶本章小结

完成后续工作后，地陪导游员还应对此次带团过程中的经验与教训进行认真总结，以不断提高自己的专业能力。

参考文献

[1]北京市旅游局.导游业务[M].北京:北京燕山出版社,2005.
[2]窦志萍.导游技巧与模拟导游[M].北京:清华大学出版社,2006.
[4]马树生,许萍.模拟导游[M].北京:旅游教育出版社,2004.
[5]刘锋.新北京导游词[M].北京:中国旅游出版社,2005.
[6]刘锋.北京实用导游[M].北京:中国旅游出版社,2005.
[7]陈志辉,纪勇.北京旅游[M].中国地图出版社,2002.
[8]北京市旅游局.北京主要景点[M].北京:北京燕山出版社,2005.
[9]王连义.怎样做好导游工作[M].北京:中国旅游出版社,1995.
[10]王连义.导游技巧与艺术[M].北京:旅游教育出版社,2002.

附　录

附录1　导游人员管理条例

第一条　为了规范导游活动,保障旅游者和导游人员的合法权益,促进旅游业的健康发展,制定本条例。

第二条　本条例所称导游人员,是指依照本条例的规定取得导游证,接受旅行社委派,为旅游者提供向导、讲解及相关旅游服务的人员。

第三条　国家实行全国统一的导游人员资格考试制度。

具有高级中学、中等专业学校或者以上学历,身体健康,具有适应导游需要的基本知识和语言表达能力的中华人民共和国公民,可以参加导游人员资格考试;经考试合格的,由国务院旅游行政部门或者国务院旅游行政部门委托省、自治区、直辖市人民政府旅游行政部门颁发导游人员资格证书。

第四条　在中华人民共和国境内从事导游活动,必须取得导游证。

取得导游人员资格证书的,经与旅行社订立劳动合同或者在导游服务公司登记,方可持所订立的劳动合同或者登记证明材料,向省、自治区、直辖市人民政府旅游行政部门申请领取导游证。

具有特定语种语言能力的人员,虽未取得导游人员资格证书,旅行社需要聘请临时从事导游活动的,由旅行社向省、自治区、直辖市人民政府旅游行政部门申请领取临时导游证。

导游证和临时导游证的样式规格,由国务院旅游行政部门规定。

第五条　有下列情形之一的,不得颁发导游证:

(一)无民事行为能力或者限制民事行为能力的;

(二)患有传染性疾病的;

(三)受过刑事处罚的,过失犯罪的除外;

(四)被吊销导游证的。

第六条　省、自治区、直辖市人民政府旅游行政部门应当自收到申请领取导游证之日起15日内,颁发导游证;发现有本条例第五条规定情形,不予颁发

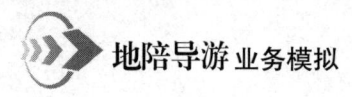

导游证的,应当书面通知申请人。

第七条　导游人员应当不断提高自身业务素质和职业技能。

国家对导游人员实行等级考核制度。导游人员等级考核标准和考核办法,由国务院旅游行政部门制定。

第八条　导游人员进行导游活动时,应当佩戴导游证。

导游证的有效期限为3年。导游证持有人需要在有效期满后继续从事导游活动的,应当在有效期限届满3个月前,向省、自治区、直辖市人民政府旅游行政部门申请办理换发导游证手续。

临时导游证的有效期限最长不超过3个月,并不得展期。

第九条　导游人员进行导游活动,必须经旅行社委派。

导游人员不得私自承揽或者以其他任何方式直接承揽导游业务,进行导游活动。

第十条　导游人员进行导游活动时,其人格尊严应当受到尊重,其人身安全不受侵犯。

导游人员有权拒绝旅游者提出的侮辱其人格尊严或者违反其职业道德的不合理要求。

第十一条　导游人员进行导游活动时,应当自觉维护国家利益和民族尊严,不得有损害国家利益和民族尊严的言行。

第十二条　导游人员进行导游活动时,应当遵守职业道德,着装整洁,礼貌待人,尊重旅游者的宗教信仰、民族风俗和生活习惯。

导游人员进行导游活动时,应当向旅游者讲解旅游地点的人文和自然情况,介绍风土人情和习俗;但是,不得迎合个别旅游者的低级趣味,在讲解、介绍中掺杂庸俗下流的内容。

第十三条　导游人员应当严格按照旅行社确定的接待计划,安排旅游者的旅行、游览活动,不得擅自增加、减少旅游项目或者中止导游活动。

导游人员在引导旅游者旅行、游览过程中,遇有可能危及旅游者人身安全的紧急情形时,经征得多数旅游者的同意,可以调整或者变更接待计划,但是应当立即报告旅行社。

第十四条　导游人员在引导旅游者旅行、游览过程中,应当就可能发生危及旅游者人身、财物安全的情况,向旅游者作出真实说明和明确警示,并按照旅行社的要求采取防止危害发生的措施。

第十五条　导游人员进行导游活动,不得向旅游者兜售物品或者购买旅游者的物品,不得以明示或者暗示的方式向旅游者索要小费。

第十六条　导游人员进行导游活动,不得欺骗、胁迫旅游者消费或者与经营者串通欺骗、胁迫旅游者消费。

第十七条　旅游者对导游人员违反本条例规定的行为,有权向旅游行政部门投诉。

第十八条　无导游证进行导游活动的,由旅游行政部门责令改正并予以公告,处1000元以上3万元以下的罚款;有违法所得的,并处没收违法所得。

第十九条　导游人员未经旅行社委派,私自承揽或者以其他任何方式直接承揽导游业务,进行导游活动的,由旅游行政部门责令改正,处1000元以上3万元以下的罚款;有违法所得的,并处没收违法所得;情节严重的,由省、自治区、直辖市人民政府旅游行政部门吊销导游证并予以公告。

第二十条　导游人员进行导游活动时,有损害国家利益和民族尊严的言行的,由旅游行政部门责令改正;情节严重的,由省、自治区、直辖市人民政府旅游行政部门吊销导游证并予以公告;对该导游人员所在的旅行社给予警告直至责令停业整顿。

第二十一条　导游人员进行导游活动时未佩戴导游证的,由旅游行政部门责令改正;拒不改正的,处500元以下的罚款。

第二十二条　导游人员有下列情形之一的,由旅游行政部门责令改正,暂扣导游证3至6个月;情节严重的,由省、自治区、直辖市人民政府旅游行政部门吊销导游证并予以公告:

(一)擅自增加或者减少旅游项目的;

(二)擅自变更接待计划的;

(三)擅自中止导游活动的。

第二十三条　导游人员进行导游活动,向旅游者兜售物品或者购买旅游者的物品的,或者以明示或者暗示的方式向旅游者索要小费的,由旅游行政部门责令改正,处1000元以上3万元以下的罚款;有违法所得的,并处没收违法所得;情节严重的,由省、自治区、直辖市人民政府旅游行政部门吊销导游证并予以公告;对委派该导游人员的旅行社给予警告直至责令停业整顿。

第二十四条　导游人员进行导游活动,欺骗、胁迫旅游者消费或者与经营者串通欺骗、胁迫旅游者消费的,由旅游行政部门责令改正,处1000元以上3

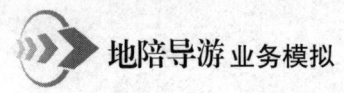

万元以下的罚款;有违法所得的,并处没收违法所得;情节严重的,由省、自治区、直辖市人民政府旅游行政部门吊销导游证并予以公告;对委派该导游人员的旅行社给予警告直至责令停业整顿;构成犯罪的,依法追究刑事责任。

第二十五条 旅游行政部门工作人员玩忽职守、滥用职权、徇私舞弊,构成犯罪的,依法追究刑事责任;尚不构成犯罪的,依法给予行政处分。

第二十六条 景点景区的导游人员管理办法,由省、自治区、直辖市人民政府参照本条例制定。

第二十七条 本条例自1999年10月1日起施行。1987年11月14日国务院批准、1987年12月1日国家旅游局发布的《导游人员管理暂行规定》同时废止。

附录2 导游人员管理实施办法

第一章 总则

第一条 为了加强导游队伍建设,维护旅游市场秩序和旅游者的合法权益,依据《导游人员管理条例》和《旅行社管理条例》,制定本办法。

第二条 旅游行政管理部门对导游人员实行分级管理。

第三条 旅游行政管理部门对导游人员实行资格考试制度和等级考核制度。

第四条 旅游行政管理部门对导游人员实行计分管理制度和年度审核制度。

第二章 导游资格证和导游证

第五条 国家实行统一的导游人员资格考试制度。经考试合格者,方可取得导游资格证。

第六条 国务院旅游行政管理部门负责制定全国导游人员资格考试的政策、标准和对各地考试工作的监督管理。

省级旅游行政管理部门负责组织、实施本行政区域内导游人员资格考试工作。

直辖市、计划单列市、副省级城市负责本地区导游人员的考试工作。

第七条 坚持考试和培训分开、培训自愿的原则,不得强迫考生参加培训。

第八条　经考试合格的,由组织考试的旅游行政管理部门在考试结束之日起30个工作日内颁发导游人员资格证。

获得资格证3年未从业的,资格证自动失效。

第九条　获得导游人员资格证并在一家旅行社或导游管理服务机构注册的,持劳动合同或导游管理服务机构登记证明材料向所在地旅游行政管理部门申请办理导游证。

所在地旅游行政管理部门是指直辖市、计划单列市、副省级旅游行政管理部门以及有相应的导游规模、有相应的导游管理服务机构、有稳定的执法队伍的地市级以上旅游行政管理部门。

第十条　取得导游人员资格证的人员申请办理导游证,须参加颁发导游证的旅游行政管理部门举办的岗前培训考核。

第十一条　导游人员资格证和导游证由国务院旅游行政管理部门统一印制,在中华人民共和国全国范围内使用。

任何单位不得另行颁发其他形式的导游证。

第三章　导游人员的计分管理

第十二条　国家对导游人员实行计分管理。

国务院旅游行政管理部门负责制定全国导游人员计分管理政策并组织实施、监督检查。

省级旅游行政管理部门负责本行政区域内导游人员计分管理的组织实施和监督检查。

所在地旅游行政管理部门在本行政区域内负责导游人员计分管理的具体执行。

第十三条　导游人员计分办法实行年度10分制。

第十四条　导游人员在导游活动中有下列情形之一的,扣除10分:

(一)有损害国家利益和民族尊严的言行的;

(二)诱导或安排旅游者参加黄、赌、毒活动项目的;

(三)有殴打或谩骂旅游者行为的;

(四)欺骗、胁迫旅游者消费的;

(五)未通过年审继续从事导游业务的;

(六)因自身原因造成旅游团重大危害和损失的。

第十五条　导游人员在导游活动中有下列情形之一的,扣除8分:

（一）拒绝、逃避检查，或者欺骗检查人员的；

（二）擅自增加或者减少旅游项目的；

（三）擅自终止导游活动的；

（四）讲解中掺杂庸俗、下流、迷信内容的；

（五）未经旅行社委派私自承揽或者以其他任何方式直接承揽导游业务的。

第十六条 导游人员在导游活动中有下列情形之一的，扣除6分：

（一）向旅游者兜售物品或购买旅游者物品的；

（二）以明示或者暗示的方式向旅游者索要小费的；

（三）因自身原因漏接漏送或误接误送旅游团的；

（四）讲解质量差或不讲解的；

（五）私自转借导游证供他人使用的；

（六）发生重大安全事故不积极配合有关部门救助的。

第十七条 导游人员在导游活动中有下列情形之一的，扣除4分：

（一）私自带人随团游览的；

（二）无故不随团活动的；

（三）在导游活动中未佩戴导游证或未携带计分卡；

（四）不尊重旅游者宗教信仰和民族风俗。

第十八条 导游人员在导游活动中有下列情形之一的，扣除2分：

（一）未按规定时间到岗的；

（二）10人以上团队未打接待社社旗的；

（三）未携带正规接待计划；

（四）接站未出示旅行社标识的；

（五）仪表、着装不整洁的；

（六）讲解中吸烟、吃东西的。

第十九条 导游人员10分分值被扣完后，由最后扣分的旅游行政执法单位暂时保留其导游证，并出具保留导游证证明，并于10日内通报导游人员所在地旅游行政管理部门和登记注册单位。正在带团过程中的导游人员，可持旅游执法单位出具的保留证明完成团队剩余行程。

第二十条 对导游人员的违法、违规行为除扣减其相应分值外，依法应予处罚的，依据有关法律给予处罚。

导游人员通过年审后,年审单位应核销其遗留分值,重新输入初始分值。

第二十一条　旅游行政执法人员玩忽职守、不按照规定随意进行扣分或处罚的,由上级旅游行政管理部门提出批评和通报,本级旅游行政管理部门给予行政处分。

第四章　导游人员的年审管理

第二十二条　国家对导游人员实行年度审核制度。导游人员必须参加年审。

国务院旅游行政管理部门负责制定全国导游人员年审工作政策,组织实施并监督检查。

省级旅游行政管理部门负责组织、指导本行政区域内导游人员年审工作并监督检查。

所在地旅游行政管理部门具体负责组织实施对导游人员的年审工作。

第二十三条　年审以考评为主,考评的内容应包括:当年从事导游业务情况、扣分情况、接受行政处罚情况、游客反映情况等。考评等级为通过年审、暂缓通过年审和不予通过年审三种。

第二十四条　一次扣分达到10分,不予通过年审。

累计扣分达到10分的,暂缓通过年审。

一次被扣8分的,全行业通报。

一次被扣6分的,警告批评。

暂缓通过年审的,通过培训和整改后,方可重新上岗。

第二十五条　导游人员必须参加所在地旅游行政管理部门举办的年审培训。培训时间应根据导游业务需要灵活安排。每年累计培训时间不得少于56小时。

第二十六条　旅行社或导游管理服务机构应为注册的导游人员建立档案,对导游人员进行工作培训和指导,建立对导游人员工作情况的检查、考核和奖惩的内部管理机制,接受并处理对导游人员的投诉,负责对导游人员年审的初评。

第五章　导游人员的等级考核

第二十七条　国家对导游人员实行等级考核制度。导游人员分为初级、中级、高级、特级四个等级。

第二十八条　国家旅游局组织设立全国导游人员等级考核评定委员会。全国导游人员等级考核评定委员会负责全国导游人员等级考核评定工作的组织实施。

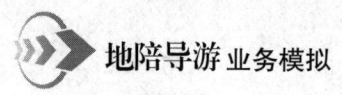

省、自治区、直辖市和新疆生产建设兵团旅游行政部门组织设立导游人员等级考核评定办公室,在全国导游人员等级考核评定委员会的授权和指导下开展相应的工作。

第二十九条 参加省部级以上单位组织的导游技能大赛获得最佳名次的导游人员,报全国导游人员等级考核评定委员会批准后,可晋升一级导游人员等级。一人多次获奖只能晋一次,晋升的最高等级为高级。

第六章 附则

第三十条 本办法自2002年1月1日起施行。

第三十一条 本办法由国家旅游局负责解释。

附录3 导游服务质量(GB/T 15971—1995)

前 言

本标准对导游服务质量提出了要求,并规定了涉及导游服务过程中的若干问题的处理原则,其目的是为了保障和提高导游服务的质量,促进中国旅游事业的发展。

本标准的技术要求借鉴了旅游行业导游服务几十年实践工作经验、国家和部分企业的有关规章制度与导游工作规范,并参照了国外的相关资料。

本标准的附录A是标准的附录。

本标准由国家旅游局提出。

本标准由全国旅游标准化技术委员会归口并负责解释。

本标准起草单位:中国国际旅行社总社。

本标准主要起草人:张蓬昆、梁杰、范巨灵、朱彬、关莉。

中华人民共和国国家标准
GB/T 15971—1995
导游服务质量
Quality of tour-guide service

1 范围

本标准规定了导游服务的质量要求,提出了导游服务过程中若干问题的处理原则。

本标准适用于各类旅行社的接待旅游者过程中提供的导游服务。

2 定义

本标准采用下列定义。

2.1 旅行社 travel service

依法设立并具有法人资格,从事招徕、接待旅行者,组织旅游活动,实行独立核算的企业。

2.2 组团旅行社(简称组团社) domestic tour wholesaler

接受旅游团(者)或海外旅行社预定,制定和下达接待计划,并可提供全程陪同导游服务的旅行社。

2.3 接待旅行社(简称接待社) domestic land operator

接受组团社的委托,按照接待计划委派地方陪同导游人员,负责组织安排旅游团(者)在当地参观游览等活动的旅行社。

2.4 领队 tour escort

受海外旅行社委派,全权代表该旅行社带领旅游团从事旅游活动的工作人员。

2.5 导游人员 tour guide

持有中华人民共和国导游资格证书,受旅行社委派,按照接待计划,从事陪同旅游团(者)参观、游览等工作的人员。导游人员包括全程陪同导游人员和地方陪同导游人员。

2.5.1 地方陪同导游人员(简称地陪) local guide

受接待旅行社委派,代表接待社,实施接待计划,为旅游团(者)提供当地旅游活动安排、讲解、翻译等服务的导游人员。

2.5.2 全程陪同导游人员(简称全陪) national guide

受组团旅行社委派,作为组团社的代表,在领队和地方陪同导游人员的配合下实施接待计划,为旅游团(者)提供全旅程陪同服务的导游人员。

3 全陪服务

全陪服务是保证旅游团(者)的各项旅游活动按计划实施,旅行顺畅、安全的重要因素之一。

全陪作为组团社的代表,应自始至终参与旅游团(者)全旅程的活动,负责旅游团(者)移动中各环节的衔接,监督接待计划的实施,协调领队、地陪、司机

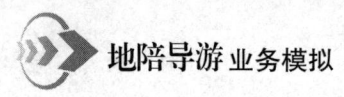

等旅游接待人员的协作关系。

全陪应严格按照服务规范提供各项服务。

3.1 准备工作要求

准备工作是全陪服务的重要环节之一。

3.1.1 熟悉接待计划

上团前,全陪要认真查阅接待计划及相关资料,了解旅游团(者)的全面情况,注意掌握其重点和特点。

3.1.2 做好物质准备

上团前,全陪要做好必要的物质准备,携带必备的证件和有关资料。

3.1.3 与接待社联络

根据需要,接团的前一天,全陪应同接待社取得联系,互通情况,妥善安排好有关事宜。

3.2 首站(入境站)接团服务要求

首站接团服务要使旅游团(者)抵达后能立即得到热情友好的接待,旅游者有宾至如归的感觉。

a) 接团前,全陪应向接待社了解本站接待工作的详细安排情况;

b) 全陪应提前半小时到接站地点迎候旅游团(者);

c) 接到旅游团(者)后,全陪应与领队核实有关情况;

d) 全陪应协助领队向地陪交接行李;

e) 全陪应代表组团社和个人向旅游团(者)致欢迎辞。欢迎辞应包括表示欢迎、自我介绍、表示提供服务的真诚愿望、预祝旅行顺利愉快等内容。

3.3 进住饭店服务要求

进住饭店服务应使旅游团(者)进入饭店后尽快完成住宿登记手续、进住客房、取得行李。为此,全陪应积极主动地协助领队办理旅游团的住店手续,并热情地引导旅游者进入房间,还应协助有关人员随时处理旅游者进店过程中可能出现的问题。

3.4 核对商定日程

全陪应认真与领队核对、商定日程。如遇难以解决的问题,应及时反馈给组团社,并使领队得到及时的答复。

3.5 各站服务要求

全陪各站服务,应使接待计划得以全面顺利实施,各站之间有机衔接,各

项服务适时、到位,保护好旅游者人身及财产安全,突发事件得到及时有效处理,为此:

　　a) 全陪应向地陪通报旅游团的情况,并积极协助地陪工作;
　　b) 监督各地服务质量,酌情提出改进意见和建议;
　　c) 出现突发事件按附录 A(标准的附录)的有关原则执行。

3.6　离站服务要求

全陪应提前提醒地陪落实离站的交通票据及准确时间,协助领队和地陪妥善办理离店事宜,认真做好旅游团(者)搭乘交通工具的服务。

3.7　途中服务要求

在向异地移动途中,无论乘坐何种交通工具,全陪应提醒旅游者注意人身和物品的安全;组织好娱乐活动,协助安排好饮食和休息,努力使旅游团(者)旅行充实、轻松、愉快。

3.8　末站(离境站)服务要求

末站(离境站)的服务是全陪服务中最后的接待环节,要使旅游团(者)顺利离开末站(离境站),并留下良好的印象。

在当次旅行结束时,全陪应提醒旅游者带好自己的物品和证件,征求旅游者对接待工作的意见和建议,对旅途中的合作表示感谢,并欢迎再次光临。

3.9　处理好遗留问题

下团后,全陪应认真处理好旅游团(者)的遗留问题。

全陪应认真、按时填写《全陪日志》或其他旅游行政管理部门(或组团社)所要求的资料。

4　地陪服务

地陪服务是确保旅游团(者)在当地参观游览活动的顺利,并充分了解和感受参观游览对象的重要因素之一。

地陪应按时做好旅游团(者)在本站的迎送工作;严格按照接待计划,做好旅游团(者)参观游览过程中的导游讲解工作和计划内的食宿、购物、文娱等活动的安排;妥善处理各方面的关系和出现的问题。

地陪应严格按照服务规范提供各项服务。

4.1　准备工作要求

做好准备工作,是地陪提供良好服务的重要前提。

4.1.1　熟悉接待计划

地陪应在旅游团(者)抵达之前认真阅读接待计划和有关资料,详细、准确地了解该旅游团(者)的服务项目和要求,重要事宜做好记录。

4.1.2 落实接待事宜

地陪在旅游团(者)抵达的前一天,应与各有关部门或人员落实、核查旅游团(者)的交通、食宿、行李运输等事宜。

4.1.3 做好物质准备

上团前,地陪应做好必要的物质准备,带好接待计划、导游证、胸卡、导游旗、接站牌、结算凭证等物品。

4.2 接站服务要求

在接站过程中,地陪服务应使旅游团(者)在接站地点得到及时、热情、友好的接待,了解在当地参观游览活动的概况。

4.2.1 旅游团(者)抵达前的服务安排

地陪应在接站出发前确认旅游团(者)所乘交通工具的准确抵达时间。

地陪应提前半小时抵达接站地点,并再次核实旅游团(者)抵达的准确时间。

地陪应在旅游团(者)出站前与行李员取得联络,通知行李员行李送往的地点。地陪应与司机商定车辆停放的位置。

地陪应在旅游团(者)出站前持接站标志,站立在出站口醒目的位置热情迎接旅游者。

4.2.2 旅游团(者)抵达后的服务

旅游团(者)出站后,如旅游团中有领队或全陪,地陪应及时与领队、全陪接洽。

地陪应协助旅游者将行李放在指定位置,与领队、全陪核对行李件数无误后,移交给行李员。

地陪应及时引导旅游者前往乘车处。旅游者上车时,地陪应恭候车门旁。上车后,应协助旅游者就座,礼貌地清点人数。

行车过程中,地陪应向旅游团(者)致欢迎辞并介绍本地概况。欢迎辞内容应包括:

a) 代表所在接待社、本人及司机欢迎旅游者光临本地;

b) 介绍自己姓名及所属单位;

c) 介绍司机;

d) 表示提供服务的诚挚愿望；

e) 预祝旅游愉快顺利。

4.3　入店服务要求

地陪服务应使旅游者抵达饭店后尽快办理好入店手续,进住房间,取到行李,及时了解饭店的基本情况和住店注意事项,熟悉当天或第二天的活动安排,为此地陪应在抵饭店的途中向旅游者简单介绍饭店情况及入店、住店的有关注意事项,内容应包括:

a) 饭店名称和位置；

b) 入店手续；

c) 饭店的设施和设备的使用方法；

d) 集合地点及停车地点。

旅游团(者)抵饭店后,地陪应引导旅游者到指定地点办理入店手续。

旅游者进入房间之前,地陪应向旅游者介绍饭店内就餐形式、地点、时间,并告知有关活动的时间安排。

地陪应等待行李送达饭店,负责核对行李,督促行李员及时将行李送至旅游者的房间。

地陪在结束当天活动离开饭店之前,应安排好叫早服务。

4.4　核对、商定节目安排

旅游团(者)开始参观游览之前,地陪应与领队、全陪核对、商定本地节目安排,并及时通知到每一位旅游者。

4.5　参观游览过程中的导游、讲解服务要求

参观游览过程中的地陪服务,应努力使旅游团(者)参观游览全过程安全、顺利。应使旅游者详细了解参观游览对象的特色、历史背景等及其他感兴趣的问题。

4.5.1　出发前的服务

出发前,地陪应提前10分钟到达集合地点,并督促司机做好出发前的各项准备工作。

地陪应请旅游者及时上车。上车后,地陪应清点人数,向旅游者报告当日重要新闻、天气情况及当日活动安排,包括午、晚餐的时间、地点。

4.5.2　抵景点途中的讲解

在前往景点的途中,地陪应相机向旅游者介绍本地的风土人情、自然景

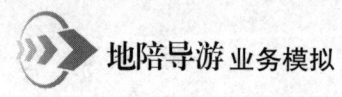

观,回答旅游者提出的问题。

抵达景点前,地陪应向旅游者介绍该景点的简要情况,尤其是景点的历史价值和特色。抵达景点时,地陪应告知在景点停留的时间,以及参观游览结束后集合的时间和地点。地陪还应向旅游者讲明游览过程中的有关注意事项。

4.5.3 景点导游、讲解

抵达景点后,地陪应对景点进行讲解。讲解内容应繁简适度,应包括该景点的历史背景、特色、地位、价值等方面的内容。讲解的语言应生动,富有表达力。

在景点导游的过程中,地陪应保证在计划的时间与费用内,旅游者能充分地游览、观赏,做到讲解与引导游览相结合,适当集中与分散相结合,劳逸适度,并应特别关照老弱病残的旅游者。

在景点导游的过程中,地陪应注意旅游者的安全,要自始至终与旅游者在一起活动,并随时清点人数,以防旅游者走失。

4.6 旅游团(者)就餐时对地陪的服务要求

旅游团(者)就餐时,地陪的服务应包括:

a)简单介绍餐馆及其菜肴的特色;

b)引导旅游者到餐厅入座,并介绍餐馆的有关设施;

c)向旅游者说明酒水的类别;

d)解答旅游者在用餐过程中的提问,解决出现的问题。

4.7 旅游团(者)购物时对地陪的服务要求

旅游团(者)购物时,地陪应:

a)向旅游团(者)介绍本地商品的特色;

b)随时提供旅游者在购物过程中所需要的服务,如翻译、介绍托运手续等。

4.8 旅游团(者)观看文娱节目时对地陪的服务要求

旅游团(者)观看计划内的文娱节目时,地陪的服务应包括:

a)简单介绍节目内容及其特点;

b)引导旅游者入座。

在旅游团(者)观看节目过程中,地陪应自始至终坚守岗位。

4.9 结束当日活动时的服务要求

旅游团(者)在结束当日活动时,地陪应询问其对当日活动安排的反映,并宣布次日的活动日程、出发时间及其他有关事项。

4.10 送站服务要求

旅游团(者)结束本地参观游览活动后,地陪服务应使旅游者顺利、安全离站,遗留问题得到及时妥善的处理。

a)旅游团(者)离站的前一天,地陪应确认交通票据及离站时间,通知旅游者移交行李和与饭店结账的时间;

b)离饭店前,地陪应与饭店行李员办好行李交接手续;

c)地陪应诚恳征求旅游者对接待工作的意见和建议,并祝旅游者旅途愉快;

d)地陪应将交通和行李票证移交给全陪、领队或旅游者;

e)地陪应在旅游团(者)所乘交通工具启动后方可离开;

f)如系旅游团(者)离境,地陪应向其介绍办理出境手续的程序。如系乘机离境,地陪还应提醒或协助领队或旅游者提前72小时确认机座。

4.11 处理好遗留问题

下团后,地陪应认真处理好旅游团(者)的遗留问题。

5 导游人员的基本素质

为保证导游服务质量,导游人员应具备以下基本素质。

5.1 爱国主义意识

导游人员应具有爱国主义意识,在为旅游者提供热情有效服务的同时,要维护国家的利益和民族的自尊。

5.2 法规意识和职业道德

5.2.1 遵纪守法

导游人员应认真学习并模范遵守有关法律及规章制度。

5.2.2 遵守公德

导游人员应讲文明,模范遵守社会公德。

5.2.3 尽职敬业

导游人员应热爱本职工作,不断检查和改进自己的工作,努力提高服务水平。

5.2.4 维护旅游者的合法权益

导游人员应有较高的职业道德,认真完成旅游接待计划所规定的各项任务,维护旅游者的合法权益。对旅游者所提出的计划外的合理要求,经主管部

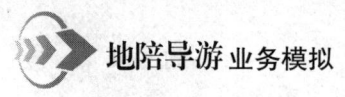

门同意,在条件允许的情况下应尽力予以满足。

5.3 业务水平

5.3.1 能力

导游人员应具备较强的组织、协调、应变等办事能力。

无论是外语、普通话、地方语和少数民族语言导游人员,都应做到语言准确、生动、形象、富有表达力,同时注意使用礼貌用语。

5.3.2 知识

导游人员应有较广泛的基本知识,尤其是政治、经济、历史、地理以及国情、风土习俗等方面的知识。

5.4 仪容仪表

导游人员应穿工作服或指定的服装,服装要整洁、得体。

导游人员应举止大方、端庄、稳重,表情自然、诚恳、和蔼,努力克服不合礼仪的生活习惯。

6 导游服务质量的监督与检查

各旅行社应建立健全导游服务质量的检查机构,依据本标准对导游服务进行监督检查。

旅游行政管理部门依据本标准检查导游服务质量,受理旅游者对导游服务质量的投诉。

附录 A

(标准的附录)

若干问题处理原则

A1 路线或日程变更

A1.1 旅游团(者)要求变更计划行程

旅游过程中,旅游团(者)提出变更路线或日程的要求时,导游人员原则上应按合同执行,特殊情况报组团社。

A1.2 客观原因需要变更计划行程

旅游过程中,因客观原因需要变更路线或日程时,导游人员应向旅游团(者)做好解释工作,及时将旅游团(者)的意见反馈给组团社和接待社,并根据组团社或接待社的安排做好工作。

A2 丢失证件或物品

当旅游者丢失证件或物品时,导游人员应详细了解丢失情况,尽力协助寻找,同时报告组团社或接待社,根据组团社或接待社的安排协助旅游者向有关部门报案,补办必要的手续。

A3 丢失或损坏行李

当旅游者的行李丢失或损坏时,导游人员应详细了解丢失或损坏情况,积极协助查找责任者。当难以找出责任者时,导游人员应尽量协助当事人开具有关证明,以便向投保公司索赔,并视情况向有关部门报告。

A4 旅游者伤病、病危或死亡

A4.1 旅游者伤病

旅游者意外受伤或患病时,导游人员应及时探视,如有需要,导游人员应陪同患者前往医院就诊。严禁导游人员擅自给患者用药。

A4.2 旅游者病危

旅游者病危时,导游人员应立即协同领队或亲友送病人去急救中心或医院抢救,或请医生前来抢救。患者如系某国际急救组织的投保者,导游人员还应提醒领队及时与该组织的代理机构联系。

在抢救过程中,导游人员应要求旅游团的领队或患者亲友在场,并详细地记录患者患病前后的症状及治疗情况。

在抢救过程中,导游人员应随时向当地接待社反映情况;还应提醒领队及时通知患者亲属,如患者系外籍人士,导游人员应提醒领队通知患者所在国驻华使(领)馆;同时妥善安排好旅游团其他旅游者的活动。全陪应继续随团旅行。

A4.3 旅游者死亡

出现旅游者死亡的情况时,导游人员应立即向当地接待社报告,由当地接待社按照国家有关规定做好善后工作,同时导游人员应稳定其他旅游者的情绪,并继续做好旅游团的接待工作。

如系非正常死亡,导游人员应注意保护现场,并及时报告当地有关部门。

A5 其他

如遇上述之外的其他问题,导游人员应在合理与可能的前提下,积极协助有关人员予以妥善处理。

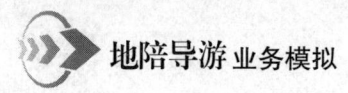

附录4 星级饭店客房客用品质量与配备要求（LB/T 003—1996）

前 言

为确保星级饭店客房客用品的数量配备和质量水平与饭店星级相适应，进一步提高星级饭店服务质量而制定本标准。

本标准以GB/T 14308—1993《旅游涉外饭店星级的划分及评定》为依据，对客房客用品的要求进行了细化和个别调整补充，同时按照饭店的星级又分档次提出了客房客用品的数量和质量基本要求。本标准作为旅游涉外饭店星级评定与复核的配套标准，是星级饭店应当达到的最低要求。

本标准的技术内容，主要针对星级饭店具有代表性的标准间（普通双人间）客用品提出。星级饭店中其他类型的客房（如总统套间、豪华套间、单人间、三人间等）的客用品可参照本标准执行。

本标准的附录A是标准的附录。

本标准由全国旅游涉外饭店星级评定委员会提出。

本标准由全国旅游标准化技术委员会归口并负责解释。

本标准负责起草单位：上海社会科学院旅游研究中心。

本标准参加起草单位：广州亨咏旅游制品有限公司、宁波天马旅游用品有限公司、上海庄臣有限公司、广东新西方饭店用品有限公司、南通纺织装饰品公司。

本标准主要起草人：王大悟、刘京平、胡巍、毕吕贵、翁国伟、汪慰曾、王纬。

中华人民共和国旅游行业标准
星级饭店客房客用品质量与配备要求
LB/T 003—1996
Quality & quantity requisition of guestroom supplies and amenities in star-rated hotel

1 范围

本标准提出了星级饭店客房客用品的品种、数量、规格、包装、标志和技术指标。

本标准适用于我国各档次、类别的星级饭店。尚未评定星级的旅游涉外饭店可参照本标准执行。

2　引用标准

见附录A(标准的附录)。

3　定义

本标准采用下列定义。

3.1　星级饭店 star-rated hotel

经旅游行政管理部门依照 GB/T 14308 进行评定，获得星级的旅游涉外饭店。

3.2　客房客用品 guestroom supplies and amenities

客房中配备的，与宾客生活、安全密切相关的各种日用品和提示用品。其中日用品的基本特征是一次性、一客一用或一天一换。

4　一、二星级饭店的配备要求

4.1　毛巾

4.1.1　浴巾

每房两条。

4.1.2　面巾

每房两条。

4.1.3　地巾

每房一条。

4.2　软垫

每床一个。

4.3　床上用品

4.3.1　床单

每床两条。

4.3.2　枕芯

每床两个。

4.3.3　枕套

每床两个。

4.3.4　毛毯

每床一条。

4.3.5　床罩

每床一条。

4.3.6　备用薄棉被(或备用毛毯)

每床宜备一条。

注:视地区而定。

4.3.7　衬垫

每床可备一条。

4.4　卫生用品

4.4.1　香皂

每房不少于两块,每块净重不低于18克。

4.4.2　浴液、洗发液

每房两套,每件净重不低于20克。

4.4.3　牙刷

每房两把。

4.4.4　牙膏

每房两支,每支净重不低于6克。

4.4.5　漱口杯

每房两个。

4.4.6　浴帽

每房两个。

4.4.7　卫生纸

每房一卷。

4.4.8　卫生袋

每房一个。

4.4.9　拖鞋

每房两双。

4.4.10　污物桶

每房一个,放于卫生间内。

4.4.11　梳子

每房宜备两把。

4.4.12　浴帘

每房一条。

4.4.13　洗衣袋

二星级每房两个。

4.5　文具用品

4.5.1　文具夹(架)

每房一个。

4.5.2　信封

每房普通信封、航空信封各不少于两个。

4.5.3　信纸、便笺

每房各不少于三张。

4.5.4　圆珠笔

每房一支。

4.6　服务提示用品

4.6.1　服务指南、电话使用说明、住宿须知

每房各一份。

4.6.2　电视节目表、价目表、宾客意见表、防火指南

每房各一份。

4.6.3　提示牌、挂牌

应分别有"请勿打扰""请打扫房间""请勿在床上吸烟"的说明或标识。

4.6.4　洗衣单

二星级每房备两份。

4.7　饮品、饮具

4.7.1　茶叶

每房可备袋装茶四小袋,也可用容器盛装。

4.7.2　茶杯(热水杯)

每房两个。

4.7.3　暖水瓶

每房不少于一个。

4.7.4　凉水瓶、凉水杯

每房可备一套。

注：视地区而定。

4.8 其他

4.8.1 衣架

每房不少于八个。

4.8.2 烟灰缸

每房两个。

4.8.3 火柴

每房两盒。

4.8.4 擦鞋用具

以擦鞋纸为主,每房两份。

4.8.5 纸篓

每房一个,放于卧室内。

4.8.6 针线包

每房一套。

5 三星级饭店的配备要求

5.1 毛巾

5.1.1 浴巾

每房两条。

5.1.2 面巾

每房两条。

5.1.3 地巾

每房一条。

5.1.4 方巾

每房两条。

5.2 软垫

每床一只。

5.3 床上用品

5.3.1 床单

每床不少于两条。

5.3.2 枕芯

每床两个。

5.3.3 枕套

每床两个。

5.3.4 毛毯

每床一条。

5.3.5 床罩

每床一条。

5.3.6 备用薄棉被（或备用毛毯）

每床备一条。

注：视地区而定。

5.3.7 衬垫

每床一条。

5.4 卫生用品

5.4.1 香皂

每房不少于两块，每块净重不低于 25 克，其中至少一块不低于 35g。

5.4.2 浴液、洗发液、护发素

每房两套，每件净重不低于 25 克。

5.4.3 牙刷

每房两把。

5.4.4 牙膏

每房两支，每支净重不低于 8 克。

5.4.5 漱口杯

每房两个。

5.4.6 浴帽

每房两个。

5.4.7 卫生纸

每房一卷。

5.4.8 卫生袋

每房一个。

5.4.9 拖鞋

每房两双。

5.4.10　污物桶

每房一个,放于卫生间内。

5.4.11　梳子

每房两把。

5.4.12　浴帘

每房一条。

5.4.13　防滑垫(若已采取其他防滑措施可不备)

每房一块。

5.4.14　洗衣袋

每房两个。

5.4.15　面巾纸

每房可备一盒。

5.5　文具用品

5.5.1　文具夹(架)

每房一个。

5.5.2　信封、明信片

每房普通信封、航空信封和国际信封各不少于两个。明信片两张。

5.5.3　信纸、便笺、传真纸

每房信纸、便笺各不少于三张,传真纸宜备两张。

5.5.4　圆珠笔

每房不少于一支。

5.5.5　铅笔

每房宜备一支,与便笺夹配套。

5.5.6　便笺夹

每房一个。

5.6　服务提示用品

5.6.1　服务指南、电话使用说明、住宿须知、送餐菜单

每房各一份。

5.6.2　电视节目表、价目表、宾客意见表、防火指南

每房各一份。

5.6.3 提示牌、挂牌

应分别有"请勿打扰""请打扫房间""请勿在床上吸烟""送餐服务"的说明或标识。

5.6.4 洗衣单、酒水单

每房备洗衣单两份,酒水单一份。

5.7 饮品、饮具

5.7.1 茶叶

每房备两种茶叶,每种不少于两小袋,也可用容器盛放。

5.7.2 茶杯(热水杯)

每房两个。

5.7.3 暖水瓶

每房不少于一个。

5.7.4 凉水瓶、凉水杯

每房备一套。

注:视地区而定。

5.7.5 小酒吧

烈性酒不少于三种,软饮料不少于五种。

5.7.6 酒杯

每房不少于两个,配调酒棒。

5.8 其他

5.8.1 衣架

每房西服架四个、裤架四个、裙架四个。

5.8.2 烟灰缸

每房不少于两个。

5.8.3 火柴

每房不少于两盒。

5.8.4 擦鞋用具

以亮鞋器为主,每房两件。

5.8.5 纸篓

每房一个,放于卧室内。

5.8.6　针线包

每房一套。

5.8.7　杯垫

小酒吧必备,其他场合,酌情使用。

5.8.8　礼品袋

每房备两个。

5.8.9　标贴

每房可备两个。

5.8.10　晚安卡

每房一卡。

6　四、五星级饭店的配备要求

6.1　毛巾

6.1.1　浴巾

每房两条。

6.1.2　面巾

每房两条。

6.1.3　地巾

每房一条。

6.1.4　方巾

每房不少于两条。

6.1.5　浴衣

每床一件。

6.2　软垫

每床一个。

6.3　床上用品

6.3.1　床单

每床不少于两条。

6.3.2　枕芯

每床不少于两个。

6.3.3　枕套

每床不少于两个。

6.3.4　毛毯

每床一条。

6.3.5　床罩

每床一条。

6.3.6　备用薄棉被(或备用毛毯)

每床备一条。

注:视地区而定。

6.3.7　衬垫

每床一条。

6.4　卫生用品

6.4.1　香皂

每房不少于两块,每块净重不低于 30 克,其中至少一块净重不低于 45 克。备皂碟。

6.4.2　浴液、洗发液、护发素、润肤露

每房两套,每件净重不低于 35 克。

6.4.3　牙刷

每房两把。

6.4.4　牙膏

每房两支,每支净重不低于 10 克。

6.4.5　漱口杯

每房两个。

6.4.6　浴帽

每房两个。

6.4.7　卫生纸

每房两卷。

6.4.8　卫生袋

每房一个。

6.4.9　拖鞋

每房两双。

6.4.10　污物桶

每房一个,放于卫生间内。

6.4.11　梳子

每房两把。

6.4.12　浴帘

每房一条。

6.4.13　防滑垫（若采取其他防滑措施可不放）

每房一块。

6.4.14　洗衣袋

每房两个。

6.4.15　面巾纸

每房一盒。

6.4.16　剃须刀

每房可备两把。可配备须膏。

6.4.17　指甲锉

每房可备一把。

6.4.18　棉花球、棉签

每房宜备一套。

6.4.19　浴盐（泡沫剂、苏打盐）

五星级可配备。

6.5　文具用品

6.5.1　文具夹（架）

每房一个。

6.5.2　信封、明信片

每房普通信封、航空信封和国际信封各不少于两个,明信片两张。

6.5.3　信纸、便笺、传真纸

每房信纸、便笺各不少于四张,传真纸不少于两张。

6.5.4　圆珠笔

每房不少于一支。

6.5.5　铅笔

每房宜备一支,与便笺夹配套。

6.5.6　便笺夹

每房一个。

6.6 服务提示用品

6.6.1 服务指南、电话使用说明、住宿须知、送餐菜单

每房各一份。

6.6.2 电视节目表、价目表、宾客意见表、防火指南

每房各一份。

6.6.3 提示牌、挂牌

每房备"请勿打扰""请打扫房间""请勿在床上吸烟""送餐服务"各一份,正反面内容宜一致。

6.6.4 洗衣单、酒水单

每房备洗衣单两份,酒水单一份。

6.7 饮品、饮具

6.7.1 茶叶

每房备两种茶叶,每种不少于两小袋,也可用容器盛放。

6.7.2 茶杯(热水杯)

每房两个。

6.7.3 暖水瓶

每房不少于一个。

6.7.4 凉水瓶、凉水杯

每房一套。

注:视地区和客源需要而定。

6.7.5 小酒吧

烈性酒不少于五种,软饮料不少于八种。

6.7.6 酒杯

不同类型的酒杯每房不少于四个,配调酒棒、吸管和餐巾纸。

6.7.7 咖啡

五星级宜备咖啡两小盒及相应的调配物,也可用容器盛放。

6.7.8 冰桶

每房一个,配冰夹。

6.7.9 电热水壶

五星级宜备。

6.8 其他

6.8.1 衣架

优质木制品为主,每房西服架、裤架、裙架各不少于四只。五星级另可配备少量缎面衣架或落地衣架。

6.8.2 烟灰缸

每房不少于两个。

6.8.3 火柴

每房不少于两盒。

6.8.4 擦鞋用具

以亮鞋器为主,每房两件,宜配鞋拔和擦鞋筐。

6.8.5 纸篓

每房一个,放于卧室内。

6.8.6 针线包

每房一套。

6.8.7 杯垫

每杯配备一个。

6.8.8 礼品袋

每房配备两个。

6.8.9 标贴(或标牌)

每房不少于两个。

6.8.10 晚安卡

每床一卡

7 基本质量要求

7.1 毛巾

全棉,白色为主,素色以不褪色为准,无色花,无色差,手感柔软,吸水性能好,无污渍,无明显破损性疵点。符合 FZ/T 62006 的规定。普通毛巾纱支:地经纱 21s/2,毛经纱 21s/2,纬纱 21s;优质毛巾纱支:地经纱 32s/2,毛经纱 32s/2,纬纱 32s。

注:21s = 29tex,32s = 18tex。

7.1.1 浴巾

a)一、二星级规格:不小于1200 毫米×600 毫米,重量不低于 400 克。

b) 三星级规格:不小于 1300 毫米×700 毫米,重量不低于 500 克。

c) 四、五星级规格:不小于 1400 毫米×800 毫米,重量不低于 600 克。

7.1.2 面巾

a) 一、二星级规格:不小于 550 毫米×300 毫米,重量不低于 110 克。

b) 三星级规格:不小于 600 毫米×300 毫米,重量不低于 120 克。

c) 四、五星级规格:不小于 700 毫米×350 毫米,重量不低于 140 克。

7.1.3 地巾

a) 一、二星级规格:不小于 650 毫米×350 毫米,重量不低于 280 克。

b) 三星级规格:不小于 700 毫米×400 毫米,重量不低于 320 克。

c) 四、五星级规格:不小于 750 毫米×450 毫米,重量不低于 350 克。

7.1.4 方巾

a) 三星级规格:不小于 300 毫米×300 毫米,重量不低于 45 克。

b) 四、五星级规格:不小于 320 毫米×320 毫米,重量不低于 55 克。

7.1.5 浴衣

棉制品或丝绸制品。柔软舒适,保暖。

7.2 软垫

平整,弹性适宜,无污损。

7.2.1 一、二星级

规格:不小于 1900 毫米×900 毫米。

7.2.2 三星级

规格:不小于 2000 毫米×1000 毫米。

7.2.3 四、五星级

规格:不小于 2000 毫米×1100 毫米。

7.3 床上用品

7.3.1 床单

全棉,白色为主,布面光洁,透气性能良好,无疵点,无污渍。应符合 FZ/T 62007 的规定。

a) 一、二星级:纱支不低于 20s,经纬密度不低于 6060,长度和宽度宜大于软垫 600 毫米。

b) 三星级:纱支 20s 以上,经纬密度不低于 6060,长度和宽度宜大于软垫 700 毫米。

c) 四、五星级:纱支不低于32s,经纬密度不低于6080,长度和宽度宜大于软垫700毫米。

注:20s＝29tex,32s＝18tex。6060＝236/236,6080＝236/318.5。

7.3.2 枕芯

松软舒适,有弹性,无异味。

a) 一、二星级:规格不小于 650 毫米×350 毫米。

b) 三星级:规格不小于 700 毫米×400 毫米。

c) 四、五星级:规格不小于 750 毫米×450 毫米。

7.3.3 枕套

全棉,白色为主,布面光洁,无明显疵点,无污损,规格与枕芯相配。

a) 一、二星级:纱支不低于20s,经纬密度不低于6060。

b) 三星级:纱支20s以上,经纬密度6060以上。

c) 四、五星级:纱支不低于32s,经纬密度不低于6080。

7.3.4 毛毯

素色为主,手感柔软,保暖性能良好,经过阻燃、防蛀处理,无污损。规格尺寸与床单相配。应符合 FZ 61001 的规定。

a) 一、二星级:毛混纺或纯毛制品。

b) 三星级:纯毛制品为主。

c) 四、五星级:精纺纯毛制品。

7.3.5 床罩

外观整洁,线型均匀,边缝整齐,无断线,不起毛球,无污损,不褪色,经过阻燃处理,夹层可使用定型棉或中空棉。

a) 一、二星级:装饰布面料为主。

b) 三星级:优质装饰布面料为主。

c) 四、五星级:高档面料,以优质装饰布或丝绸面料为主。

7.3.6 备用薄棉被(或备用毛毯)

优质被芯,柔软舒适,保暖性能好,无污损。

7.3.7 衬垫

吸水性能好,能有效防止污染物质的渗透,能与软垫固定吻合,可使用定型棉或中空棉。

a) 一、二星级:规格不小于 1900 毫米×900 毫米。

b)三星级:规格不小于2000毫米×1000毫米。

c)四、五星级:规格不小于2000毫米×1100毫米。

7.4 卫生用品

7.4.1 香皂

香味纯正,组织均匀,色泽一致,图案、字迹清晰,无粉末颗粒,无软化腐败现象,保质期内。应符合 GB 8113 的规定。

a)一、二星级:简易包装。

b)三星级:精制包装,印有中英文店名及店标,或用精致皂盒盛放。

c)四、五星级:豪华包装,印有中英文店名及店标,或用豪华皂盒盛放。

7.4.2 浴液、洗发液、护发素、润肤露

黏度适中,无异味,包装完好,不溢漏,印有中英文店名及店标,保质期内。应符合 GB 11432、ZBY 42003、GB 11431 的规定。

a)一、二星级:简易包装或简易容器盛放。

b)三星级:精致包装或精致容器盛放。

c)四、五星级:豪华包装或豪华容器盛放。

7.4.3 牙刷

刷毛以尼龙丝为主,不得使用对人体有害的材料,如聚丙丝。刷毛洁净柔软、齐整,毛束空满适宜;刷头、刷柄光滑,手感舒适,有一定的抗弯性能。标志清晰,密封包装,印有中英文店名及店标。其他技术指标应符合 QB 1659 的规定。

a)一、二星级:简易包装。

b)三星级:优质牙刷,精致包装。

c)四、五星级:优质牙刷,豪华包装。

注:三星级(含三星级)以上的饭店不宜使用装配式牙刷。

7.4.4 牙膏

香味纯正,膏体湿润、均匀、细腻,色泽一致,使用的香精、色素必须符合 GB 8372 及其他有关规定。图案、文字清晰,无挤压变形,无渗漏污损。保质期内。

7.4.5 漱口杯

玻璃制品或陶瓷制品,形体美观端正,杯口圆润,内壁平整。每日清洗消毒。

7.4.6 浴帽

以塑料薄膜制品为主,洁净,无破损,帽檐松紧适宜,耐热性好,不渗水。

a) 一、二星级:简易包装。

b) 三星级:纸盒包装为主,宜印有中英文店名及店标。

c) 四、五星级:精致盒装,印有中英文店名及店标。

7.4.7 卫生纸

白色,纸质柔软,纤维均匀,吸水性能良好,无杂质,无破损,采用 ZBY 39001 中的 A 级和 A 级以上的卫生纸。

7.4.8 卫生袋

不透明塑料制品或防水纸制品,洁净,不易破损,标志清晰。

7.4.9 拖鞋

穿着舒适,行走方便,具有较好的防滑性能,至少印有店标。

a) 一、二星级:一次性简易拖鞋,有一定的牢度。

b) 三星级:以纺织品为主,视原材料质地,一日一换或一客一换。

c) 四、五星级:高级优质拖鞋,一客一用。

7.4.10 污物桶

用于放置垃圾杂物,污物不泄漏,材料应有阻燃性能。

7.4.11 梳子

梳身完整、平滑,厚薄均匀,齿头光滑,不宜过尖。梳柄印有中英文店名及店标。

a) 一、二星级:简易包装。

b) 三星级:精致密封包装。

c) 四、五星级:豪华包装。五星级可分粗、细梳齿。五星级宜使用木质梳子。

7.4.12 浴帘

以塑料薄膜或伞面绸为主,无污损,无霉斑。

7.4.13 防滑垫

橡胶制品为主,摩擦力大,防滑性能良好。

7.4.14 洗衣袋

塑料制品或棉麻制品为主,洁净,无破损,印有中英文店名及店标。

7.4.15 面巾纸

白色为主,纸质轻柔,取用方便,采用 ZBY 32032 中的 A 等品。

7.4.16 剃须刀

刃口锋快平整,剃刮舒适、安全,密封包装,印有中英文店名及店标。

7.4.17 指甲锉

砂面均匀,颗粒细腻,无脱砂现象,有套或套封。

7.4.18 棉花球、棉签

棉花经过消毒处理,棉头包裹紧密,密封包装。

7.4.19 浴盐(泡沫剂、苏打盐)

香味淡雅,含矿物质,发泡丰富。

7.5 文具用品

7.5.1 文具夹(架)

完好无损,物品显示醒目,取放方便,印有中英文店名及店标。

a)一、二星级:普通材料。

b)三星级:优质材料。

c)四、五星级:高级材料。

7.5.2 信封、明信片

信封应符合 GB/T 1416 的规定。印有店标及中英文店名、地址、邮政编码、电话号码、传真号码。明信片宜有旅游宣传促销意义。

7.5.3 信纸、便笺

纸质均匀,切边整齐,不洇渗墨迹,印有店标及中英文店名、地址、邮政编码、电话号码、传真号码。

a)一、二星级:纸质不低于 50 克纸。

b)三星级:纸质不低于 60 克纸。

c)四、五星级:纸质不低于 70 克纸。

7.5.4 圆珠笔

书写流畅,不漏油,笔杆印有店名及店标。

7.5.5 铅笔

石墨铅笔,笔芯以 HB 为宜,卷削后供宾客使用。

7.5.6 便笺夹

完好无损,平整,使用方便,可印有中英文店名及店标。

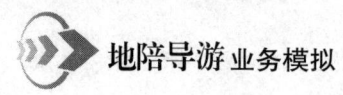

7.6 服务提示用品

7.6.1 服务指南、电话使用说明、住宿须知、送餐菜单

印刷美观,指示明了,内容准确,中英文对照。五星级宜备城市地图。

7.6.2 电视节目表、价目表、宾客意见表、防火指南

栏目编排清楚完整,中英文对照。

7.6.3 提示牌、挂牌

印刷精美,字迹醒目,说明清晰,悬挂方便,中英文对照。

7.6.4 洗衣单、酒水单

无碳复写,栏目清晰,内容准确,明码标价,中英文对照。

7.7 饮品、饮具

7.7.1 茶叶

干燥洁净,无异味,须有包装或容器盛放,标明茶叶品类。

7.7.2 茶杯(热水杯)

以玻璃制品和陶瓷制品为主,形体美观,杯口圆润,内壁平滑。

7.7.3 暖水瓶

公称容量不少于 1.6 升,应符合 GB 11416 中的优等品的质量规定。

注:标题名称与 GB/T 14308 一致。

7.7.4 凉水瓶、凉水杯

凉水瓶须有盖,无水垢,内存饮用水。凉水杯按 7.7.2。

7.7.5 小酒吧

酒和饮料封口完好,软饮料须在保质期内。

7.7.6 酒杯

玻璃制品为主,杯口圆滑,内壁平滑,应与不同的酒类相配。

7.7.7 咖啡

以速溶咖啡为主,干燥洁净,包装完好。

7.7.8 冰桶

洁净,取用方便,保温性能良好。

7.7.9 电热水壶

绝缘性能良好,公称容量不宜大于 1.7 升,须配备使用说明。应符合 JB 4189 的规定。

注:标题名称与 GB/T 14308 一致。

7.8 其他

7.8.1 衣架

塑料制品或木制品为主,无毛刺,光滑。

7.8.2 烟灰缸

安全型。非吸烟楼层不放置。

7.8.3 火柴

采用 GB/T 393 中的 MG-A 型木梗火柴,以优质纸盒或木盒为主,印有中英文店名及店标。火柴梗支、药头平均长度和火柴盒尺寸由饭店自行决定。非吸烟楼层不配备。

7.8.4 擦鞋用具

含亮鞋器、擦鞋皮、擦鞋布、擦鞋纸等,使用后起到鞋面光亮洁净的效果。

7.8.5 纸篓

存放非液体性杂物。

7.8.6 针线包

配有线、纽扣、缝衣针,搭配合理,封口包装。

7.8.7 杯垫

精致、美观,应起到隔热作用,可印有店标。

7.8.8 礼品袋

塑料制品或优质纸制品为主,无破损,印有中英文店名及店标。

7.8.9 标贴(或标牌)

标贴为不干胶制品,标牌为纸制品或塑料制品。精致美观,富有艺术性,可印有店标。

7.8.10 晚安卡

印制精致,字迹醒目,中英文对照。

附录 A （标准的附录）

引用标准

下列标准所包含的条文,通过在本标准中引用而构成为本标准的条文。本标准出版时,所示版本均为有效。所有标准都会被修订,使用本标准的各方应探讨使用下列标准最新版本的可能性。

GB/T 393—1994 日用安全火柴

GB/T 1416—1993 信封

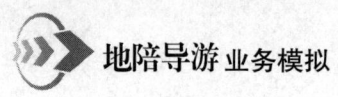

GB 8113—1987 香皂
GB 8372—1987 牙膏
GB 11416—1989 日用保温容器
GB 11431—1989 润肤乳液
GB 11432—1989 洗发液
GB/T 14308—1993 旅游涉外饭店星级的划分及评定
FZ 61001—1991 纯毛、毛混纺毛毯
FZ/T 62006—1993 毛巾
FZ/T 62007—1994 床单
JB 4189—1986 电水壶
QB 1659—1992 牙刷
ZBY 32032—1990 纸巾纸
ZBY 39001—1988 绉纹卫生纸
ZBY 42003—1989 护发素